Emil Wennrich

Über die Magdeburger Centurien

Mit vergleichender Berücksichtigung des jetztigen Standpunktes der Kirchengeschichte

Emil Wennrich

Über die Magdeburger Centurien
Mit vergleichender Berücksichtigung des jetztigen Standpunktes der Kirchengeschichte

ISBN/EAN: 9783743653528

Hergestellt in Europa, USA, Kanada, Australien, Japan

Cover: Foto ©Lupo / pixelio.de

Weitere Bücher finden Sie auf **www.hansebooks.com**

Programm

der

Realschule Erster Ordnung

in Magdeburg,

womit

zu der am 26. und 27. März 1874, von 8 Uhr an stattfindenden

öffentlichen Prüfung der Schüler

einladet

der Director Dr. Holzapfel.

1) Ueber die Magdeburger Centurien, mit vergleichender Berücksichtigung des jetzigen Standpunktes der Kirchengeschichtsschreibung. Von Dr. Emil Wennrich.
2) Schulnachrichten vom Director.

Magdeburg.
Hof-Buchdruckerei von Carl Friese.
1874.

Ueber die Magdeburger Centurien, mit vergleichender Berücksichtigung des jetzigen Standpunktes der Kirchengeschichtsschreibung.

Die protestantische kirchliche Geschichtsschreibung ist gegenwärtig zu einem bestimmten Abschluss gekommen, sowohl was die Form, als was die allgemeinen Principien anbetrifft, nach denen der Inhalt darzustellen ist. Drei Koryphäen sind es, welche hierin epochemachend auftraten, Neander, Gieseler, Hase. Und wenn irgend wo, so ist es gewiss auf diesem Gebiete, dass die protestantische Wissenschaft der katholischen weit vorangeeilt ist. Wann aber und wie ist dieser Schritt gethan, der die kirchliche Geschichtsschreibung aus jener niederen Stellung, die sie im Mittelalter einnahm, zu einer höheren Stufe emporgehoben hat, von der ausgehend und vorwärts schreitend die Kirchenhistoriker der Neuzeit den heutigen Standpunkt erreicht haben? Die Reformation hat uns diese neue Aera gebracht: jene Zeit, so voll von neuen Keimen und Kräften, die sich in der Zukunft zu herrlichen Blüten und Früchten entfalten sollten; jene Zeit, mit der ein anderes, höheres Leben anbrach, das seine Segnungen heute noch fort und fort der Menschheit erschliesst, dessen Kräfte heute noch wirken und treiben. Auch die Kirchengeschichte sollte durch sie in neue Bahnen gelenkt und weiter gefördert werden. Das Werk aber, welches diese Bahn brach und eröffnete, welches der Anfang war von einer langen Reihe meist ausserordentlich tüchtiger Leistungen, sind die Magdeburger Centurien.

Muss es nun nicht von grossem Interesse sein, das damals neu Gefundene mit dem, was heute der Besitzstand dieser Wissenschaft ist, zu vergleichen? Nur wer den Ausgangspunkt kennt, weiss, ob er vorwärts oder rückwärts gekommen. Es mag sich also wohl der Mühe verlohnen, jenes gewaltige Werk einmal näher in's Auge zu fassen und mit den jetzigen Leistungen auf diesem Gebiete zu vergleichen; wobei man jedoch nicht vergessen darf, um die Verdienste jener Männer recht zu würdigen, dass sie keine Vorgänger gehabt, die ihnen vorgearbeitet, auf deren Grundbau sie sich hätten stützen können, sondern dass sie selbst den Boden erst aufgraben, den Fels erst sprengen mussten, um dann den Grund n dem Gebäude legen zu können.

Der Mann, der den grossartigen Plan zu dieser Kirchengeschichte entworfen hat, ist thias Flacius, gewöhnlich Illyricus genannt. Er hatte etwas von Luthers Natur in , wie auch seine innere Entwickelung in mancher Beziehung der des grossen Reformators ch war. Flacius war nicht blos der Urheber, sondern auch die Seele des Unternehmens, seinem Tode blieb das grosse Werk unvollendet liegen. Er hatte sch[illegible] rere Jahre, den Plan zu den Centurien entwarf, ein Buch herausgegeben ,nden ihn testium veritatis", „Verzeichniss der Zeugen der Wahrheit", worin er nachwies, dass es wirklich und zwar nicht blos vereinzelte, sondern eine ganze Reihe von Zeugen der evangelischen Wahrheit gegeben habe. Jetzt sollte derselbe Nachweis in noch umfassenderer Weise und grossartigerem Stile durch die Kirchengeschichte selbst geliefert werden. Dass ein solches Werk, wie er es beabsichtigte, nicht auf den Schultern eines Einzigen ruhen könne, fühlte Flacius und sah sich darum nach Mitarbeitern um. Durchdrungen wie er war von der Nothwendigkeit seiner Aufgabe, entwickelte er das seltene Talent, eine Menge Personen für das Unternehmen zu begeistern und zu gemeinschaftlicher Arbeit zu verbinden. Die wichtigsten Mitarbeiter, die er für sein Werk gewann, waren zunächst und vorzüglich Johann Wigand und Matthäus Judex, beide Prediger an der Ulrichskirche in Magdeburg, sodann Basilius Faber, der nur an den ersten vier Centurien theilnahm. Zu diesen, und zum Theil statt dieser kam seit der zehnten Centurie Andreas Corvinus, seit der zwölften Thomas Holthuter hinzu. Von Sagittarius werden noch mehrere Mitarbeiter genannt, aber in dem Werke selbst werden sie nicht erwähnt. Bei der dreizehnten Centurie fehlt des Flacius Name, der schon 1575, ein Jahr nach ihrem Erscheinen, zu Frankfurt am Main nach einem unstäten Leben starb. Bewundernswerth ist es, wie Flacius diese Kräfte zusammenbrachte, bewundernswerth wie er, obgleich bald hierhin, bald dorthin geworfen, ihre Arbeit so leitete, dass ein Werk entstand, welches durch die Einheit des durchgeführten Planes imponirt, dem man es nicht im entferntesten anmerkt, wie viele daran mitgeholfen haben, — eine auch in der Literaturgeschichte gewiss seltene Erscheinung. Es bedurfte einiger Jahre der Vorbereitung, ehe Flacius unter grossen Schwierigkeiten und mit vielen Kosten, ja, wie erzählt wird, zum Theil auf gewaltsame Weise (culter Flacii) das Material zusammenbrachte. Ausgesandte Gehülfen, besonders Marcus Wagner, durchsuchten die Bibliotheken in und ausser Deutschland nach Büchern, Handschriften und Urkunden.

Es ist nicht ohne Interesse einen Blick in die Werkstatt dieser Gelehrten zu thun und auf ihre Theilung der Arbeit näher zu achten. Sie haben uns selbst darüber Folgendes berichtet: Fünf Gubernatores standen dem Ganzen vor, welche die Arbeit beim Sammeln und Darstellen vertheilten, die ersten roheren Entwürfe, wie dann die Darstellung selbst verbesserten und auch manches selbst verfassten. Einer von ihnen war der Kassenmeister, bei dem die Unterstützungen an Geld niedergelegt wurden, der den Arbeitern die Besoldung auszahlte und jedes Vierteljahr genaue Rechnung abzulegen hatte. Man hatte im Ganzen zehn Arbeiter in drei Ordnungen. Sieben junge Gelehrte machten nach Vorschrift jener Anleitung emsigen Bienen gleich, Auszüge aus den vorzüglichsten Schriftstellern; zwei ältere, gelehrtere und urtheilsfähigere ordneten den so zusammengebrachten Stoff und übergaben ihn einigen der Leiter, ohne deren Beurtheilung nichts schriftlich verfasst wurde. Dann erst ging man an die Darstellung und wiederum wurde jedes Kapitel von denselben durchgelesen und nöthigenfalls die letzte Feile angelegt. Der zehnte endlich besorgte die Reinschrif[illegible]

Unter dem Titel: „**Ecclesiastica historia integram ecclesiae catholicae ideam complect[illegible] etc., congesta per aliquot studiosos et pios viros in urbe Magdeburgica**" erschienen nach nach dreizehn Folianten, die ersten dreizehn Jahrhunderte oder Centurien umfassend, denen das ganze Werk genannt wurde. Leider wurde dasselbe nicht vollendet: es w[illegible] sehr mit dem Wohl und Wehe seines Urhebers verknüpft, und dieser wurde, theils [illegible] seiner vi[illegible]eitigkeiten, theils durch Ungunst anderweitiger Verhältnisse, von ein[illegible] an[illegible]ieben, bis er, lange vor Vollendung seines Werkes, im Elend sta[illegible] wurde von verschiedenen Seiten eine Fortsetzung verlangt, und es waren auch schon mancherlei Vorarbeiten zu den folgenden Centurien vorhanden, wie z. B. zu der vierzehnten Auszüge aus den Werken des Johannes Ruysbroek von Wigand und ein Auszug von „Dlugosz' Geschichte Polens" von einem Prediger Namens Johannes Arnold, gleichfalls an der Ulrichskirche zu Magdeburg, der auch sonst seine ermunternde Stimme laut für die Fortsetzung der Centurien, dieses decus Magdeburgense, wie er es mit Recht nennt, erhebt. Ja, die sechszehnte Centurie war schon fast vollständig ausgearbeitet. Dennoch kam die Arbeit nicht mehr in Fluss und blieb endlich, so wie die später angefangenen deutschen Uebersetzungen, ganz liegen, zumal sich das Interesse der Zeit bald einer anderen Seite, der Dogmatik, zuzuwenden anfing.

Es ist von mehreren Seiten darauf hingewiesen worden, dass die Schwierigkeit bei der Abfassung dieses Werkes noch lange nicht in genügender Weise anerkannt worden ist. Wer aber den damaligen Stand der Geschichtsschreibung überhaupt, der kirchlichen insbesondere kennt: wer da weiss, wie die Darstellung gewöhnlich nur das Aeusserliche in ziemlich dürftiger Weise gab, ohne Unterscheidung des Zweifelhaften und des Zuverlässigen, des Unbedeutenden und des Wichtigen, ohne Entwickelung des Zusammenhanges, ohne Ueberblick und Sinn für die Erforschung der Ursachen und Folgen; wer dazu noch die äusseren Hindernisse ermisst, mit denen jene Männer zu kämpfen hatten: der wird staunen über ihre hohe Einsicht, über ihren unermüdlichen Fleiss und ihre gewaltige Arbeitskraft. Auf ähnliche Weise allein dastehend unternahm Eusebius, der Vater der Kirchengeschichte, sein grosses Werk. Hören wir ihn, wie er im Bewusstsein dieser Schwierigkeit sich äussert. Er müsse, sagt er gleich im Eingange seines Werkes, um Nachsicht bitten und gestehen dass es über seine Kräfte gehe, der Aufgabe, die er auf sich genommen, in einer vollkommen genügenden Weise zu entsprechen. Denn da er als der Erste an ein solches Unternehmen gehe, so wage er sich gleichsam auf einen einsamen und unbetretenen Weg. Er bitte zwar Gott zum Führer und die Kraft des Herrn zu seiner Unterstützung zu haben, von Menschen aber, welche denselben Weg vor ihm gegangen wären, könne er nirgends auch nur nackte Spuren finden. — Was Eusebius sagt, das konnten die Centuriatoren in noch höherem Grade auf sich anwenden. Denn wenn jener gleich als der Allererste schrieb, so schrieb er doch mit allen Hülfsmitteln seiner Zeit, was von diesen durchaus nicht behauptet werden kann. Sie klagen daher auch öfters, dass sie das Eis erst durchbrechen müssten, und dass ihnen der Entwurf und die Form des Werkes viel Arbeit schaffe. Hinter den Centuriatoren lag das Mittelalter, in Bezug auf sein geschichtliches Bewusstsein und seine geschichtlichen Leistungen eine armselige Zeit. Der Mangel an historischem Sinne ging damals so weit, dass man, wie wir an den Decretalien des falschen Isidor sehen, Gegenwart und Vergangenheit geradezu zusammenwarf, und das der Gegenwart Angehörende dann erst in seiner wahren geschichtlichen Bedeutung zu haben glaubte, wenn man ihm den Character einer Tradition aus der Vergangenheit gegeben hatte. Die Männer also, die nach einer solchen Zeit ein neues Gebäude der Kirchengeschichte errichten wollten, mussten sich den lan dazu selbst entwerfen, die frühere Zeit gab ihnen keinen an die Hand; Chroniken und nikartige Aufzeichnungen waren das Einzige, was sich vorfand. Man war aber so gent an derartige Darstellungen, dass die Centuriatoren glauben sich entschuldigen zu sen, weil sie einen andern Weg eingeschlagen hätten. Sodann war es schwer, die llen zugänglich zu machen, schwer, sie richtig zu benutzen. Wohl standen ihnen deren mehrere zu Gebote, obgleich ihr Wunsch gewiss auch hierin weiter ging; aber war mit der Quelle, die sich ihnen erschloss, auch zugleich das Kriterium für ihre Brauchbarkeit gegeben? „Die Bücher aus der nachapostolischen Zeit", klagten sie, „mögen rein und unversehrt sein, uns aber fliesst viel getrübtes Wasser aus unsern Quellen zu." Neben solchen Schwierigkeiten scheint es jedoch noch Hemmnisse und Verlegenheiten anderer Art gegeben zu haben. Die Centuriatoren deuten darauf hin, wenn sie sagen, sie hätten sich entschlossen das Werk nun anzufangen und wollten es ohne Unterstützung, da nur wenige Gönner beigesteuert hätten, beginnen. Die Sitten der Grossen, so klagen sie weiter, seien ja der Art dass sie auf Hunde, Jagd, Gelage, Schmausereien, Anzüge, Spiel und andere Leichtfertigkeiten alles verwendeten, für Unterstützung eines solchen Werkes aber dürrer wie Bimsstein wären. — Es müssen also auch wohl die äusseren Mittel nicht eben reichlich vorhanden gewesen sein. Selbst nach Herausgabe der ersten Bände, scheint es, war der Absatz nicht ein solcher, dass er den Fleiss der Verfasser belohnt hätte. Doch wurden dieselben hierdurch nicht abgehalten, rüstig und unverdrossen weiter zu arbeiten.

Vergleicht man allerdings hiermit die Art und Weise, wie der Gegner der Centuriatoren, Cäsar Baronius, belohnt worden ist, als er im Auftrage der katholischen Kirche, mit allen literarischen Schätzen der Bibliotheken und des päpstlichen Archivs ausgestattet, seine Annalen zur Widerlegung der Centurien geschrieben hatte, wie ihn der Purpur seiner Kirche, ja beinahe die dreifache Krone lohnte: so muss man sagen, dass es wahrhaftig nicht die Aussicht auf lockenden irdischen Gewinn, noch äussere Ehre gewesen sein kann, welche die Centuriatoren antrieb, sondern allein die Absicht, dem Reiche Gottes und der evangelischen Kirche einen Dienst zu erweisen.

Und dieser Dienst war in der That ein grosser. Zunächst bestand derselbe in der Schöpfung des so bedeutenden Werkes selbst, womit sie der evangelischen Kirche ein Geschenk machten. Je genauer man dasselbe kennt und es mit den früheren Leistungen auf dem Gebiete der Kirchengeschichte vergleicht, um so mehr kann man sich von der Wahrheit der Behauptung überzeugen, dass mit diesem Werke erst der Kirche das wahrhaft geschichtliche Bewusstsein über ihre ganze Vergangenheit aufgegangen ist. „Es giebt kein kirchenhistorisches Werk", sagt Christian Baur, „das mit einem so klaren Bewusstsein der Aufgabe, welche überhaupt die Kirchengeschichte zu lösen hat, und nach einem so bestimmten, methodisch entworfenen Plane begonnen, und so weit es zu Stande kam, durchgeführt worden wäre. Es ist nicht blos die so grosse materielle Bereicherung, welche der Inhalt der Kirchengeschichte durch die Erforschung so vieler, zum Theil erst jetzt eröffneter Quellen erhalten hat, es ist nicht blos die Sorgfalt und Genauigkeit, mit welcher die verschiedenen Seiten des christlichen Lebens untersucht und dargestellt worden sind, was dem Werke seinen grossen Vorzug giebt, das ist vor allen die dem Ganzen zu Grunde liegende Idee, der umfassende Begriff der Kirchengeschichte, von welchem es ausgeht, wodurch es Epoche macht." Die Verfasser selbst erklären sich hierüber in der Vorrede und führen Folgendes an:

„Man könnte behaupten, dass wir, die wir unternommen haben nach dem Eusebius eine Kirchengeschichte zu schreiben, noch eine Ilias nach Homer dichten wollten. Bei näherer Betrachtung der Dinge ist es jedoch nicht so. In vielen Kirchenhistorikern, sogar im Eusebius kann man nicht immer mit dem gehörigen Nutzen lesen, denn es wird z. B. nichts über die Lehre gesagt, die doch das Herz der Kirche ist; ja jene schei-

die Lehren nicht einmal richtig verstanden zu haben. Sie berichten auch über die Streitfragen der Kirche nicht genau, und über die Häresien gehen sie kalt und gleichgültig hinweg. Wenig nur findet man bei ihnen über die Veränderungen der kirchlichen Gebräuche und warum etwas eingesetzt oder abgeschafft sei; auch wie die Kirche regiert worden ist kann man nicht klar erkennen. Ueberhaupt reden sie mehr von Personen, denn nur diese, beschreiben oder loben sie; sie erzählen viel über die Wunder, aber untersuchen nicht, ob dieselben mit der Wahrheit übereinstimmen. Endlich bringen sie ziemlich weit auseinander liegende Dinge zusammen und verwirren so das Ganze."

Die Centuriatoren wollen zwar den Ruhm des Eusebius durchaus nicht verkleinern, aber sie sprechen doch hier recht deutlich aus, warum sie auf seinen Grundlagen und mit seinen Grundsätzen nicht weiter arbeiten können. Freilich so ganz von ihm sich losreissen, so ganz alles negiren, was jener geschaffen hatte, das wollten und konnten sie nicht. Und so werden auch wir öfters Veranlassung nehmen, auf so manchen Berührungspunkt mit Eusebius aufmerksam zu machen, den sie bewusst oder unbewusst haben.

Einen noch viel grösseren Dienst haben sie der evangelischen Kirche damit erwiesen, dass sie in ihrem Werke den Beweis lieferten, dass dieselbe nicht erst seit einigen Decennien, sondern seit den Tagen der Apostel ihr Bestehen habe. Sie haben gezeigt, dass die als neu und unerhört verrufenen Lehren der Reformatoren sich in den gesammten Aussprüchen der grössten Kirchenlehrer, der frömmsten Bekenner, der erleuchtetsten Glaubenshelden aller Jahrhunderte wiederfänden. Sie brachten den historischen Beweis bei, dass es Bekenner der evangelischen Wahrheit immerdar gegeben habe; denn wie Gott zu des Elias Zeiten 7000 übrig gelassen, die ihre Kniee vor dem Baal nicht beugten und wie diese das wahre Israel ausmachten, nicht jene grosse Masse des Volkes sammt seinen Königen und Priestern, welche den falschen Götzen huldigten: also habe es auch unter den Christen zu allen Zeiten Zeugen der Wahrheit gegeben, die sich den Irrthümern und Verderbnissen, zu welchen sich die Masse des Volkes fortreissen liess, widersetzt, und so das göttliche Feuer vor dem Erlöschen bewahrt hätten, bis es durch die Reformatoren wieder zur hellen Flamme angefacht worden sei. So zogen sie das Schwert des Geistes für die Wahrheiten der evangelischen Kirche.

Wer aber für einen kämpft, muss auch wider einen kämpfen. Wies die evangelische Kirche zuerst nach, dass das Wesen und die Wahrheit der von Christo gestifteten Kirche auf ihrer Seite sei, so wurde sie in der weiteren Beweisführung natürlich auch veranlasst zu zeigen, dass alle die Formen und Eigenschaften die das Wesen der katholischen Kirche constituirten, nicht die richtigen seien. Umgekehrt, jemehr das Unwahre in der Erscheinung der katholischen Kirche nachgewiesen wurde, um so mehr musste damit an's helle Licht treten, wie die evangelische Kirche, die alles jenes nicht an sich trug, die wahre Kirche sei. So wechselten Defensive und Offensive schnell mit einander, und schon die Reformatoren sehen wir muthig und streitbar zu jeder Zeit diesen Kampf mit Kraft und Nachdruck führen. Als ihre tapferen Helfer haben sich die Verfasser der Centurien bewährt; fast nur angriffsweise sehen wir sie hier verfahren.

Hatte der Catalogus mehr dargethan, wie von Anfang an es Zeugen der Wahrheit gab, so wiesen die Centurien hauptsächlich nach, dass die katholische Kirche diese Wahrheit nicht für sich beanspruchen könne. Wies der Catalogus auf den auch in den dunkelsten Zeiten noch fortglimmenden Funken der göttlichen Wahrheit hin, so machten die Centurien auf das Dunkel selbst aufmerksam. Jenes war der directe Beweis, hier wurde er indirect beigebracht. Die auf die Tradition gestützte Macht der katholischen Kirche erlitt hierdurch einen starken Stoss, und darin liegt zum grossen Theil die Stärke und Bedeutung der Centurien.

Natürlich musste sich dieser Kampf hauptsächlich gegen die Spitze und gewissermassen gegen den Repräsentanten der katholischen Kirche wenden, in dem man so zu sagen alles verkörpert sah, was an der Idee der Kirche Unwahres erscheint. Und so ist auch der Kampf gegen Pabst und Pabstthum dasjenige, was die Geister am meisten bewegt; der Kampf gegen alles, was nur an den Pabst erinnert, zieht sich wie ein rother Faden von der ersten bis zur letzten Seite hindurch.

Den Pabst als den Antichristen und als Diener des Fürsten der Finsterniss darzustellen, und nachzuweisen, wie dessen Reich immer mehr zugenommen habe, dieser Gedanke giebt ihrem Werke nicht nur eine gewisse Continuität, die man sonst oft vermisst, sondern bewirkt sogar, dass eine künstlerische Einheit und Abrundung nicht ganz fehlt, wenn dieselbe auch mehr auf zufällige denn auf beabsichtigte Weise erreicht wird. Das Pabstthum, wie es durch Anmassung der weltlichen Herrschaft von Stufe zu Stufe aufwärts stieg, bis es zu der Macht geworden war, die allen Reichen der Welt Gesetze gab; dann aber, wie es auf dem Gipfel des Hochmuths und der Tyrannei angekommen, jählings gestürzt wurde und von Gott seine verdiente Strafe empfing, indem derjenige, welcher diese Macht am weitesten ausdehnen wollte, Bonifazius VIII, auch am tiefsten gedemüthigt wurde: das ist im allgemeinen der Grundgedanke über die Entwicklung des Pabstthums, soweit er in den Centurien zur Darstellung gelangt. Der zufällige und durch ungünstige Verhältnisse herbeigeführte unerwünschte Abschluss derselben mit der dreizehnten Centurie mit dem Pabst Bonifazius VIII kann demnach, was die Abrundung des Werkes anbetrifft, eher als etwas Förderndes, denn Störendes empfunden werden.

Die Nothwendigkeit einer solchen Kirchengeschichte für die evangelische Kirche tritt durch die bereits angeführten Gesichtspunkte evident zu Tage; auch die Verfasser waren von derselben im höchsten Grade überzeugt. Um so auffälliger ist es, dass dieselben sich so viel Mühe gaben den Nutzen ihrer Kirchengeschichte darzuthun. Sie erinnern uns damit an die Kirchenhistoriker der rationalistischen Periode, die oft eine mehrere Seiten lange Vorrede über den Nutzen der Kirchengeschichte zur Empfehlung ihres Studiums voranschickten. Unser Werk führt folgende Punkte an:

1) Die Kirchengeschichte macht die Ideen der Kirche anschaulich, so dass man dieselben gleichsam wie in einem Gemälde deutlich betrachten kann. 2) Sie zeigt die ununterbrochene Gemeinschaft aller, die zur Kirche gehören, aber sie zeigt auch 3) das Wachsthum der Irrthümer und gewährt 4) eine richtige Norm für die Beurtheilung der Häresien. 5) Die Kirchengeschichte stellt die Art und Weise der göttlichen Regierung der Kirche vor Augen. 6) Vor allen Dingen zeigt sie die Kennzeichen der wahren Kirche. 7) Sie beschreibt also auch die Kennzeichen der falschen Kirche. 8) Eine solche Kirchengeschichte verherrlicht Gottes Macht, welche dann und wann vorzügliche Männer und Helden erweckt. 9) Führt sie die Beispiele solcher Männer vor, welche den Kampf mit dem Verderben der Welt nicht scheuten. 10) Sie berichtet von der Strafe, welche Irrlehrer getroffen und zeigt, dass eine Gemeinschaft der wahren und falschen Kirche nie gewesen sei, noch je sein werde. 11) Sie zeigt, dass auch den grössten Männern Schwachheiten (naevi) angeklebt haben. 12) Die

Kirchengeschichte wirft ein helles Licht auf die Weissagungen früherer Zeiten, besonders auf die Offenbarung Johannis. 13) Sie erleichtert das Verständniss der Schriften der Väter; kurz, sie ist 14) ein wahres Füllhorn aller Dinge und Angelegenheiten, welche die Kirche betreffen, woraus ein Jeder die Kenntnisse, welche er sucht, schöpfen kann. Um nun diesen Ausführungen gewissermassen den richtigen Nachdruck zu geben fügen sie hinzu: Wer jetzt noch den Nutzen der Kirchengeschichte für gering und unbedeutend hält, der ist entweder ohne Gottesfurcht oder hat keinen Verstand.

Wir wenden uns nun den Centurien näher zu. Aeusserlich betrachtet sind sie recht voluminös und doch meinen die bescheidenen Verfasser, sie seien mehr ein Abriss der Kirchengeschichte, als eine vollkommen in allen Theilen ausgeführte Beschreibung. Jede Hauptabtheilung oder Centurie fasst einen Zeitraum von hundert Jahren zusammen und betrachtet die wichtigsten Erscheinungen und Veränderungen in demselben. Die Centuriatoren geben als Grund dieser Eintheilung an, dass im Verlaufe so vieler Jahre sich gewöhnlich sehr grosse Veränderungen zutrügen. Die frühere Kirchengeschichte, in der Form von Chroniken geschrieben, stellte sich die Aufgabe den ganzen Inhalt des Geschehenen summarisch wiederzugeben. Dass bei solcher Art der Beschreibung der verschiedenartigste Inhalt in ein und denselben Rahmen zusammen gedrängt wird, ist ja klar, und ebenso klar ist, dass dabei der Leser ein anschauliches Bild von der Entwicklung des Christenthums nach seinen einzelnen Seiten hin nicht erhält. Es war daher ein grosser Fortschritt, wenn von vorn herein bestimmte Abschnitte begrenzt und in diesen wieder die verschiedenen Formen des christlichen Lebens einzeln und für sich, natürlich nach dem Faden der zeitlichen Aufeinanderfolge, betrachtet wurden. So kam das Zusammengehörige zu einander und das eine diente dazu das andere zu erläutern oder zu ergänzen.

Und doch müssen wir sagen, wie mechanisch ist eine solche Eintheilung, die sich im Grunde doch nur von der äusseren Zeitangabe bestimmen lässt und nicht von der in der Zeit sich entfaltenden und ihren einzelnen Momenten nach zur Erscheinung kommenden Idee! Als ob die Weltgeschichte in immer gleicher Weise, mit immer gleich bedeutendem Inhalte, in ewig gleichem Tempo sich abwickelte! Natürlich ist ein Jahrhundert eine so lange Zeit, dass die Centuriatoren schon Recht behalten werden, wenn sie sagen, dass in seinem Verlaufe sich gewöhnlich sehr grosse Veränderungen zutragen, und doch — als ob es nicht Jahrzehnte gäbe, in denen die Geschichte mehr arbeitet, als in Jahrhunderten! Man vergleiche nur das zehnte Jahrhundert, das saeculum obscurum, wo in den Leistungen der theologischen Wissenschaft meist nur traurige Oede zu finden ist, mit den Jahrhunderten, in welchen ein Gregor VII. oder ein Innocenz III. ihre weltbewegenden Gedanken im Kampfe mit der staatlichen Macht zur Anerkennung und Durchführung zu bringen sich bemühen! Dass sogar ein Jahrhundert nach einer Seite hin nicht eben reich an erwähnenswerthen Ereignissen zu sein braucht, das haben die Centuriatoren stillschweigend zugestanden, als sie über die wichtigen Männer des saeculum obscurum berichtend, hinzufügen: Weil dieses Jahrhundert so arm an bedeutenden Lehrern ist, nehmen wir gleich noch etliche aus dem folgenden hinzu. Auch an dem recht verschieden ausfallenden äusseren Umfange der Centurien hätten die Verfasser das erkennen können.

Wie viel grösseren Werth hat die jetzige Eintheilung! Man fasst nämlich jetzt diejenigen Zeiträume zusammen, in denen eine bestimmte Idee, ein bestimmtes Streben in den Vordergrund tritt, welche dieser Periode einen besonderen Charakter, eine eigene Physiognomie verleihen. Es heben sich bald bestimmte Zeitperioden heraus. Am meisten springt der Unterschied in die Augen zwischen der Zeit vor der Reformation und der Zeit nach derselben. Auf der einen Seite steht die einige, auf der anderen die in sich gespaltene Kirche. Während die Kirche der ersten Periode ihren Schwerpunkt mehr darauf legt alle ihre Momente in der äusseren Welt zur Darstellung zu bringen, streift die protestantische Kirche eben alles Aeusserliche ab und findet ihr Princip im Innern, in dem Bewusstsein der Rechtfertigung durch den Glauben. Aus jener ersten Periode heben sich wieder zwei bestimmte Bestrebungen heraus, deren erste auf die Entwicklung und Festsetzung des Dogma ausgeht, wohingegen die zweite, welche das ganze Mittelalter bis zur Reformation umfasst, vorzugsweise die Ausbildung der Hierarchie anstrebt. Dazwischen steht der ehrwürdige Pabst Gregor, gleichwie ein kirchlicher Janus nach beiden Seiten blickend. In der Zeit bis Gregor schliesst Constantin die Epoche ab, in welcher das Christenthum mit dem Staate um seine Existenz kämpft. Bei dieser Eintheilung hebt sich das Charakteristische jedes Abschnittes deutlich hervor.

Was nun die Eintheilung innerhalb der Centurien betrifft, so behandelten, wie schon erwähnt, die Verfasser die Kirchengeschichte nach den wesentlichsten Formen und Erscheinungen des christlichen Lebens. Im ersten Capitel wird Charakter und Inhalt der Geschichte eines jeden Jahrhunderts im Allgemeinen angeführt und hierauf im zweiten eine Uebersicht über den Umfang der christlichen Kirche und die Ausbreitung des Christenthums gegeben, woran sich im dritten die weitere Beschreibung der äusseren Lage der Kirche, jenachdem sie entweder Verfolgungen zu erdulden hatte oder in Ruhe und Frieden lebte, anschliesst. Ein besonders wichtiges Capitel ist das darauf folgende vierte, in welchem der jedesmalige Lehrbegriff nach der Folge der einzelnen Artikel so genau als möglich analysirt und dargelegt wird. Das fünfte Capitel handelt sodann von den Häresien und Irrthümern, durch welche die reine Lehre entstellt wurde, das sechste von den Ceremonien oder Gebräuchen, das siebente von der Verfassung und Regierung der Kirche, wobei besonders die Vereinigung der einzelnen Kirchen zur Einheit eines Ganzen, das Verhältniss der Kirche zum Staat und die Frage über den Primat der römischen Kirche erörtert wird, das achte von den Schismen und minder bedeutenden Streitigkeiten, das neunte von den Concilien, das zehnte von dem Leben und den persönlichen Verhältnissen der Bischöfe und Kirchenlehrer, das elfte von den Häretikern, das zwölfte von den Märtyrern, das dreizehnte von den Wundern und Prodigien, das vierzehnte von den auswärtigen und politischen Verhältnissen der Juden, worauf zum Schluss in den beiden letzten Capiteln auch noch die wichtigsten Veränderungen auf dem Gebiete der nicht christlichen Religionen und der politischen Geschichte aufgeführt werden.

Bei Zugrundelegung eines solchen Planes konnte den Centuriatoren nicht leicht etwas Wesentliches entgehen, derselbe ist so weit angelegt, dass wohl Alles, was zur Kirche und ihrer Geschichte nur in einiger Beziehung steht, in den Kreis der Betrachtung mit hinein gezogen werden musste. Ja, man könnte eher fragen, ob derselbe nicht etwas zu umfangreich wäre.

Um zu erkennen, dass hiermit die wesentlichsten Principien der Eintheilung gefunden sind, welche auch bei der jetzigen weit fortgeschrittenen historischen Kunst noch Geltung haben, braucht man nur einen vergleichenden Blick auf unsere gegenwärtigen Bearbeitungen der Kirchengeschichte zu werfen. Als die wesentlichsten Formen nämlich, in denen die christliche Kirche in die Erscheinung tritt und darzustellen ist, erkennt man jetzt mit

Recht an: Die Gründung und Ausbreitung des Christenthums, das Dogma, die Formen des christlichen Lebens und des Cultus und endlich die Kirchenverfassung.

Das erste Moment, die Gründung und Ausbreitung des Christenthums setzen auch die Centuriatoren im zweiten Capitel voran; es muss sich ja vor allem in der Welt festgesetzt haben, ehe es sich weiter entfalten und seine Wirkung ausüben kann. Als zweites Moment pflegt man allgemein das Dogma zu setzen, das, was die bestimmte, dogmatisch fixirte Form des religiösen Bewusstseins ist und die eigentliche Substanz der Kirche ausmacht. In Uebereinstimmung damit lassen auch jetzt die Centuriatoren das Capitel von der Lehre der Kirche folgen und sie zeigen es nicht nur durch die Länge der Betrachtung, für wie wichtig sie dasselbe halten, sondern sprechen es auch zu wiederholten Malen mit besonderer Betonung aus, dass sie die Lehre für den Mittelpunkt der Kirche erachten. Wenn nun hierauf die Neuen als drittes wesentliches Moment eine Beschreibung des christlichen Lebens und der christlichen Sitten folgen lassen, so entspricht das ziemlich genau dem sechsten Capitel jener alten Kirchengeschichte, welches von den Ceremonien und Gebräuchen der Kirche handelt, in welchem die Geschichte des Mönchsthumes nur eine Unterabtheilung bildet. Da nun die Centurien an siebenter Stelle auch ein besonders langes Capitel über die Verfassung und Regierung der Kirche haben, welches die moderne Kirchengeschichte in dem Abschnitte über die Hierarchie zusammenfasst, so folgt daraus, wie nicht nur das Wesentlichste der jetzigen Eintheilung von den Verfassern der ersten protestantischen Kirchengeschichte bereits klar erkannt worden ist, sondern wie sie auch im Allgemeinen schon die Reihenfolge aufgestellt haben, die jetzt noch beobachtet wird.

Freilich hält es ja nicht schwer zu erkennen, wie manches in dieser Eintheilung nothwendig zu Wiederholungen führen musste, dass z. B. in einem Capitel von den Häresien, in dem andern von den Häretikern gesprochen wird; dass hier von den Märtyrern, dort von den Verfolgungen die Rede ist; Wiederholungen, welche durch unzweckmässige Vertheilung des Stoffes noch vermehrt werden. Man findet z. B. die Streitigkeiten einiger Päbste mit den deutschen Kaisern sowohl in dem Capitel von den Bischöfen als auch im letzten Capitel von den politischen Veränderungen; ja, es kommt sogar einmal vor, dass die Geschichte eines Pabstes viermal erzählt wird, einmal in der Vorrede und sodann im neunten, zehnten und letzten Capitel. Ein andermal sehen sie sich bei Capitel 11 genöthigt zu erklären, sie hätten von den Häretikern nichts mehr zu erzählen, da alles bereits im Capitel von den Häresien gesagt wäre.

Es kann auch nicht fehlen, dass hierbei Zusammengehöriges zerrissen und so der Eindruck geschwächt wird, welchen die Schilderung einer Persönlichkeit oder eines Ereignisses sonst in dem Leser zurück lassen würde. Zudem ist anzunehmen, dass bei Wegfall des polemischen Standpunktes auch in der Eintheilung einzelnes noch anders und besser aufgestellt worden wäre.

Innerhalb der einzelnen Abtheilungen wird nun Alles nach der Zeitfolge angeordnet, wobei die Regierungszeit der Kaiser, sei es der ost- und weströmischen, oder sei es der oströmischen und der deutschen, für die Bildung der verschiedenen kleineren Abschnitte massgebend ist.

Gehen wir nun genauer auf den Standpunkt dieser Kirchenhistoriker ein, so werden wir bald sehen, dass es genau die Anschauungsweise der alten protestantischen Kirche ist, die hier vertreten wird. Ja, man kann noch weiter gehen und sagen, dass diese von dem

Lieblingsschüler Luthers entworfene Kirchengeschichte so sehr in dessen eigenem Geiste verfasst ist, dass er selbst der Hauptsache und inneren Richtung nach kaum eine andere würde geschrieben haben.

Die Lehre (doctrina), welche das vierte Capitel ausführlich behandelt, findet bei den Centuriatoren wie bei Luther ihre Stellung obenan. Um dieselbe concentrirt sich gewissermassen alles, besonders die Opposition gegen die römische Kirche. Es liegt aber auch ganz in dem Gange, welchen die Reformation genommen, vorgezeichnet, dass sie die Lehre voranstellen musste. War denn nicht auch Luther zuerst zu einem Widerstande dadurch gedrängt worden, dass sich sein frommes deutsches Gewissen gegen die Lehren und Satzungen der römischen Kirche sträubte, ohne dass er zunächst an eine Lossagung von des Pabstes Autorität dachte? Erst als er später einsah, dass eins mit dem anderen aufs engste zusammenhinge, dass, wer die Lehre der römischen Kirche bekämpfe, auch den Pabst angreifen müsse, wurde er zu dem Bruche mit beiden getrieben. Gemäss dieser historischen Entwicklung der Reformation und Opposition gegen das römische Wesen musste das Dogma auch bei den Centurien in den Vordergrund treten. Es ist demgemäss nur consequent, wenn bei den Centuriatoren eine stete Verdunklung der Lehre (oder bestimmter, der Lehre von der Rechtfertigung) in letzter Reihe an allem Unheil schuld ist und wenn namentlich die grosse Ausbreitung des Klosterwesens daraus erklärt wird. Mit gleichem Rechte hätten sie noch einen Schritt weiter gehen und auch das Pabstthum selbst daraus ableiten können.

Es lässt sich denken, dass auf diejenigen, welche das Dogma beeinträchtigen, das grösste Odium fällt, und demnach besonders die Häretiker als die offenen Feinde der wahren Lehre und des Teufels Diener, aber auch der Pabst sammt den Bischöfen in dem Grade bekämpft werden, als sie an der Verfinsterung der Lehre Schuld sind. So z. B., Männer wie Arius und Pelagius müssen sich die härteste Behandlungsweise gefallen lassen. Man braucht nur die Beschreibung der Persönlichkeit des Ersteren gelesen zu haben um zu fühlen, dass man es hier mit Streitern zu thun hat, die recht persönlich und leidenschaftlich werden können. Man kann aber sogleich zu ihrer Entschuldigung hinzufügen, dass es im ganzen Mittelalter kaum einen Streit von dieser Bedeutung giebt, der sich nur streng sachlich gehalten hätte.

Es ist auffallend, dass die Centuriatoren ihre Strenge gegen die Häretiker auch auf die Fratricellen, Waldenser und Albigenser ausdehnen, Secten, die ihrer Richtung nach der evangelischen Kirche doch so nahe stehen und deren Existenz und Geschichte das Zeugniss für die Wahrheit der evangelischen Lehre hätte bedeutend verstärken können. Es unterliegt aber keinem Zweifel, dass sie hier ohne Prüfung Quellen gefolgt sind, die ihre Entstehung im Schoosse der katholischen Kirche gehabt und demnach nur Nachtheiliges und Verabscheuungswerthes von allen Ketzern berichten konnten. —

Fragt man, wonach die Lehrmeinungen zu beurtheilen seien, so wird mit Recht das Wort Gottes als Norm hingestellt und die Anwendung hiervon bei Kritisirung der Kirchenlehrer in ausgedehntester Weise gemacht. Doch ist es nicht allein die Schrift, sondern auch die lutherische Dogmatik, welche sie als Maassstab für die Reinheit der zu beurtheilenden Lehrsätze anlegen: und wie sie selbst in den Lehren Christi und der Apostel alle ihre Dogmen wiederfinden wollen, so legen sie bei der Behandlung der Lehren jedes Jahrhunderts die loci der lutherischen Dogmatik zu Grunde, als ob die Ausbildung der Dogmen nicht ebenso der Geschichte angehörte, wie z. B. die der hierarchischen Institutionen.

Es lässt sich leicht einsehen, dass die Centuriatoren, die bei den Kirchenlehrern nach den Fundamentalartikeln der evangelischen Lehre suchen, dieselben in um so geringerem Grade finden werden, je weiter sich die Kirche von der Zeit ihres Ursprungs entfernt, da der ganze Zug der Kirche darauf gerichtet war, alles in's Aeusserliche und Sinnliche herabzuziehn; was natürlich auch von der Ausbildung der kirchlichen Lehrsätze gilt. So wird es denn nach der Darstellung der Centuriatoren von Jahrhundert zu Jahrhundert in der Kirche dunkler. Einen besonders grossen Fortschritt macht das Reich der Finsterniss im sechsten Jahrhunderte, welches von den früheren durch eine grosse Kluft geschieden ist, doch hauptsächlich im siebenten Jahrhunderte artet Alles in's Schlechte aus. Wenn nun aber, wie gesagt, die Centuriatoren ihren eigenen Maassstab an die berühmten Kirchenlehrer legten, die doch auch von ihrer Zeit sich nicht ganz frei machen konnten, so fand sich begreiflicher Weise fast keiner, dessen Lehre sich in allen Punkten mit denen der Reformatoren gedeckt hätte. Sollten sie nun gleich auf die Seite der Ketzer geworfen werden, weil sie in einem oder dem anderen Punkte anders lehrten? Das erschien den Centuriatoren bedenklich hart, und darum erfanden sie ein Mittelglied, welches sie dazwischen schoben. „Wir sehen, sagen sie, dass auch den bedeutendsten Kirchenlehrern Flecken (naevi) anhängen, die zwar ihre Rechtgläubigkeit nicht aufheben, aber doch einen trübenden Schatten auf sie werfen.“ Man sieht, wie wenig consequent das ist, denn liess man einmal Abweichungen von der Kirchenlehre passiren, so ist nicht leicht darzuthun, warum das eine Ketzerei, das andere nur ein Flecken genannt werden soll. Offenbar hatten sie vor dem Ansehen der grossen Kirchenlehrer zu viel Respect, als dass sie gewagt hätten, sie mit den Ketzern auf eine Stufe zu stellen.

Woher kam denn nun aber die Ketzerei und die Flecken, woher überhaupt die Verdunkelung der Lehre? Es ist den Centuriatoren durchaus kein Geheimniss, dass dies das Werk des Teufels ist, der darin eine der wichtigsten Handhaben besitzt, der Kirche Gottes zu schaden. Ueberall tritt er als Widersacher auf, überall kommt er, um Afterweizen zwischen den guten Weizen zu säen. Was nur irgend der Kirche und ihrer Entwickelung im Wege zu stehen scheint: Ketzerei, Mönchsthum, Heiligenverehrung, Reliquienkram, Eheverbote, Verfolgungen u. s. w., alles ist vom Teufel angestiftet, um seine Zwecke zu erreichen. Allerwärts blickt die manichäische Ansicht durch, dass sich Gottes Reich und das des Satans in einem fortwährenden Kampfe befinde, indem der Teufel bald hier, bald da, durch List oder Gewalt das Reich Gottes zu erdrücken trachte, aber durch die Macht Gottes immer wieder zurück gedrängt werde. Schon die Vorrede zu dem ganzen Werke beginnt mit der Klage über die unheilvolle Verdunkelung, welche die wahre Lehre durch den Teufel erleide. Damit habe dieser Feind des Menschengeschlechtes nichts anderes bezweckt, als den armen Menschen, seinem Hass und seiner Wuth gemäss, zuerst die himmlischen Wahrheiten zu entziehen und ihnen dann zur Lästerung Gottes und ihrem eigenen Verderben schreckliche Irrthümer einzuflössen. Um nun solches Beginnen zu nichte zu machen und das Licht der Wahrheit wenigstens unter einigen Menschen zu bewahren und um nicht zuzulassen, dass alle gleichsam wie in einem Meere von Lügen, Täuschungen und Irrthümern ertränken, hat Gott es gewollt, dass die Geschichte der Kirche geschrieben würde. Im zweiten Jahrhunderte sind es besonders die Gnostiker mit ihren Ketzereien, durch welche der Teufel die Kirche zu schädigen sucht. „Auch in dieser Sache ist des Teufels Wuth sichtbar, der zuerst die Kirche beflecken und besudeln und dann von Grund aus zerstören wollte. Denn wie gute und treffliche Kirchenlehrer Gaben Gottes sind, so sind andrerseits die Ketzer des Teufels Werkzeuge und schreckliche Ungeheuer." Der Kampf wogt also zwischen Gottes und des Teufels Reich hin und her, zu einer Ruhe kommt es nicht und es scheint das der gewöhnliche Gang der Geschichte zu sein: Die göttliche Wahrheit ist kaum den Menschen in einer neuen Offenbarung erschienen, als auch der Teufel Anstrengungen macht, dies Gebiet für sich zu erobern. Und wie zu Christi Zeit, so war es auch zu der Luthers. Gleich nach dem Tode dieses deutschen Propheten griffen wieder irrige Meinungen um sich und machten die doppelte Wachsamkeit und Anstrengung aller frommen Diener des Evangeliums nöthig Die Wirksamkeit des Obersten aller bösen Geister ist, wie man deutlich erkennt, nicht nur so gedacht, dass er gewisse Institutionen und Kräfte und Individuen in seinen Dienst hinüberzieht: nein, er dringt in Verstand und Herz auch der guten Menschen, der Werkzeuge Gottes, ein, und ohne dass sie's ahnen, leitet er ihre Gedanken zum Irrthume hin. Unwillkürlich denkt man hier an die Ansicht des Hauptverfassers, nach der die Sünde selber zur Substanz des Menschen gehören soll. Zu welchem Spielball dämonischer Geister wird nicht so der Mensch gemacht! Es haben aber hier die Verfasser, von ihrer Polemik zu weit getrieben, den sichern Boden der Schrift bereits verlassen, welche über die dunkle Sphäre der Wirkungen des bösen Geistes nur einzelne Andeutungen giebt.

Man hätte erwarten sollen, dass die Centuriatoren, wie sie die Häresien und überhaupt die ganze Verkehrung und Verfinsterung der Kirche von dem Teufel ableiteten, so auch alles, worin sich nach ihrer Ansicht ein Verfall der Kirche zeigte. ihm zuschreiben würden, insonderheit das Pabstthum, in welchem ja die so verfinsterte Kirche ihre Spitze und ihren Repräsentanten anerkannte. Dass sie dies nicht thun, hat seinen Grund darin, dass sich ihnen hier ein anderer, in der Schrift angedeuteter, in der theologischen Betrachtungsweise schon vollständig ausgebildeter Begriff darbot, es ist das die Lehre vom Antichrist. Nach der Weissagung über denselben, 2 Thess. 2, 3 ff. soll vor der Katastrophe des Weltendes „der Abfall kommen, und der Mensch der Sünde, das Kind des Verderbens geoffenbart werden, der da ein Widersacher ist, der sich erhebt wider Alles, das Gott heisst, also dass er sich in den Tempel Gottes setzt als ein Gott, und vorgiebt er sei Gott," mit dessen Erscheinen zugleich „kräftige Irrthümer" die Menschen berücken sollen.

Die altlutherischen Dogmatiker bestimmen nun das Wesen des Antichrists dahin, dass sie denselben einen Apostel des Teufels nennen. Als dieser Antichrist galt den Centuriatoren der Pabst, das grosse Gebiet der Kirche besonders nach der Seite der Ceremonien und der Hierarchie als sein Reich. Wenn dieselben freilich die bösen Thaten einiger Päbste mit dem, was in der Schrift vom Antichrist gesagt ist, vergleichen, so lässt es sich begreifen, wie sie zu dieser Behauptung gekommen sind. Die Centuriatoren gingen nun darauf aus, entweder den historischen Beweis beizubringen, dass der Pabst der Antichrist sei und suchten nach allem, was sich mit Recht oder Unrecht von den Päbsten Nachtheiliges erzählen lässt, oder sie betrachten es als einen schon feststehenden Glaubenssatz und zeigen nur, nach wie vielen Seiten sich die Wahrheit desselben bewährt habe. Von diesem Gesichtspunkte aus konnten allerdings die Päbste kaum gut und christlich gehandelt haben und so müssen sie sogar entschieden guten und löblichen Handlungen der Päbste ein schlechtes Motiv unterlegen und sie in bösem Lichte darstellen.

In dieser Bekämpfung des Pabstthums liegt, wie schon gesagt, die grosse Bedeutung der Centurien, liegt aber auch ihre Schwäche und ihr Mangel. Es trifft hier in einem

Punkte das, wodurch sie eine neue Epoche der kirchlichen Geschichtschreibung eingeleitet haben, mit dem zusammen, wo sie über sich hinaus auf etwas Vollkommneres, minder Einseitiges und Parteiisches hinweisen.

Den Kampf mit dem Pabstthume aufzunehmen und fortzuführen war für die Reformatoren und die protestantischen Geschichtsschreiber keineswegs so leicht, wie man oft glaubt. Da galt es erst die schwere Phalanx der historischen Tradition über den Haufen zu werfen. Schon Luther hatte diesen Kampf aufgenommen. Hatte dieser Held „die drei Mauern" erbrochen, hinter welchen die falschen Lehrsätze des Pabstthums geborgen lagen, so suchten die protestantischen Kirchengeschichtsschreiber ihm auch den letzten gewaltigen Schutz, welchen die Geschichte und Tradition gewährte, niederzureissen. Denn war der Pabst Petri Nachfolger und Stellvertreter, wie er ja in der Christenheit als solcher angesehen wurde, so war es nicht nur vergebliches Bemühen, sondern sogar Frevelmuth ihn anzugreifen. Dass er das nicht war, stand den Protestanten zwar lange schon fest, aber es kam darauf an den historischen Nachweis zu führen; und die Art, wie sie das gethan, der Scharfsinn, den sie darauf verwandt, verdient unsere Bewunderung in hohem Grade.

Die grosse Autorität, welche die Sage von Petri Episcopat zu Rom in der ganzen Christenheit genoss, hielt sie durchaus nicht ab, selbst kritisch zu untersuchen, wie es sich damit verhielte. Dass Petrus von Christus zu seinem Stellvertreter eingesetzt sei, dafür gab es den Katholiken keine sichrere Gewähr, als die Worte Math. 16, 18: Du bist Petrus und auf diesen Felsen will ich bauen meine Gemeinde. Diese Stelle jedoch, bewiesen sie, sichre dem Petrus noch keinen Primat zu, da er nur im Namen der übrigen Apostel angeredet werde. Es könne ferner nicht gerade geläugnet werden, dass Petrus in Rom gewesen sei, obgleich man in jedem Zeitpunkte, in dem man ihn nach Rom kommen lässt, auf Schwierigkeiten stosse; jedenfalls aber wiesen sie evident nach, dass er nicht als Bischof dagewesen sei.

Die Centuriatoren haben sich endlich ein grosses Verdienst um die Geschichte und die Erforschung der Wahrheit dadurch erworben, dass sie die Unächtheit einer langen Reihe von Decretalien darthaten, durch welche die Geschichte im Interesse der Hierarchie gefälscht worden war, und zwar mit solcher Klarheit, dass die Sache für die, welche sehen wollten, ein für allemal erwiesen war. Die Art, wie sie das thaten, ist für die historische Kritik geradezu bahnbrechend geworden.

In der berüchtigten Pseudo-Isidorianischen Decretaliensammlung nämlich werden eine ganze Menge Decrete und Verfügungen als von den ältesten dreissig Päbsten ausgehend hingestellt, worin den Päbsten eine ungeheure Machtbefugniss zugesprochen und den Bischöfen das Recht beigelegt wird, nur in besonders schweren Fällen von einem geistlichen Gerichtshofe, von Laien aber gar nicht verklagt zu werden. Gegen dieses Machwerk erhob sich die protestantische Kritik mit ihren schärfsten und eindringendsten Waffen und erwies schlagend die Unächtheit desselben. Die Bischöfe, zeigte sie unter anderen, könnten nicht alle den gleichen Stil geschrieben haben; die Eingänge und Veranlassungen hätten eine zu grosse Aehnlichkeit mit einander und verriethen ein und denselben Verfasser, das Latein sei ein zu barbarisches, auch die heilige Schrift werde in auffallend verkehrter Weise citirt etc. etc. Alle ihre Ausführungen belegen sie mit zahlreichen Gründen und Beweisstellen.

Für ein ferneres wichtiges Beweismittel, dass der Pabst der Antichrist sei, halten sie sein Streben nach irdischer Herrschaft, wie ja der Teufel dem die Herrschaft der Welt versprochen habe, der niederfalle und ihn anbete. Das nämlich halten sie für ausgemacht, dass das Pabstthum dieses Ziel von Anfang seines Entstehens an verfolgt habe. Schon mit der dritten Centurie wird das Geheimniss der Gottlosigkeit (mysterium iniquitatis), wie es theils zu handeln anfing, theils unterdrückt wurde, die stehende Formel, mit welcher von dem Primat die Rede ist. In der vierten Centurie heisst es: Wie in den früheren Jahrhunderten die römischen Bischöfe anfingen, sobald ihnen eine Gelegenheit dargeboten wurde, sich den Weg zur weltlichen Macht zu bahnen, so ist ihnen auch in diesem Jahrhunderte das Mysterium der Gottlosigkeit nicht verhasst, und schreitet immer weiter fort, da jede Gelegenheit, auch die unbedeutendste ergriffen wird. Aber besonders in der fünften Centurie halten sie es für höchst bemerkenswerth, dass der Geist des Antichrists in diesem Jahrhunderte durch einige römische Bischöfe die ersten Samenkörner seines Primats und seiner Würde über alle andern Bischöfe der Kirche Christi ziemlich dreist ausstreute. Obgleich manche Widerstand leisteten, so war doch die Frucht des Antichrists einmal empfangen worden, die in den folgenden Jahrhunderten als reife Geburt an's Tageslicht treten sollte. Im sechsten Jahrhunderte machte das Mysterium der Gottlosigkeit allmälig Fortschritte in der Erweiterung seiner Macht durch Erhebung über alle Kirchen und die Errichtung eines ökumenischen Episkopats. Endlich im siebenten Jahrhunderte brachte es das, was es so lange versucht hatte, zur Ausführung. Nämlich nach vieljährigen Streitigkeiten zwischen dem Bischof von Constantinopel und dem römischen Pontifex brachte Bonifazius III. den Kaiser „den parricida Phokas," an dem er einen „Gesinnungsgenossen" gefunden, mit grosser Anstrengung dazu, dass er verordnete, die römische Kirche sei das Haupt aller Kirchen und ihr Pontifex solle den Namen und die Würde eines ökumenischen Bischofs haben. Von jetzt an steht der römische Antichrist in seiner Gestalt allen sichtbar da, und bildet zu Romulus, dem heidnischen ersten Gründer der römischen Weltherrschaft eine würdige Parallele Gerade hier wird in mehr scherzhafter Weise darauf hingewiesen, dass ja auch Petrus ein Schwert getragen habe. Sonst aber wird oft, um durch den Contrast mehr zu wirken, Petri Beispiel angeführt, um den Abstand von seinem „Nachfolger" zu zeigen. Auch darin schien ein besonderes Mysterium zu liegen, dass Bonifazius IV. das Pantheon (templum omnium deorum), welches der Göttermutter Cybele und allen Göttern geweiht war, reinigen und dann der Gottesmutter und allen Heiligen weihen liess. Um anzudeuten, welche geheimnissvolle Aehnlichkeit zwischen dem Heidenthume und dem Reiche des Antichrist obwalte, wie auch die angeführte Stelle vom Pantheon andeutet, wird die Verehrung der Heiligen oft in Parallele gestellt mit der Verehrung der Götzen; ja, die Heiligenbilder werden mit dem Namen „fremde Götter" bezeichnet und bald Maosim, bald Baal und Astarte, bald „das goldene Kalb" genannt. Auch das gilt noch als ein geheimnissvoller Zug in der Geschichte, das jener Antichrist des Ostens, Mahomet, ziemlich in derselben Zeit das Reich Gottes zu beunruhigen und einzunehmen anfing, als dieser grosse Antichrist des Westens seine Hauptthätigkeit begann.

Das achte Jahrhundert zeigt uns, da nun in seiner Gestalt keine Veränderung mehr eintreten konnte, wie der Antichrist noch immer wächst und sich die Erde unterthan macht, wie er sich Bischöfe und Erzbischöfe unterwirft und den Fürsten befiehlt, ihm Städte, Dörfer und Länder abzutreten. Fragt man: Mit welchem Rechte?, so lautet die

Antwort: Nun, weil er es eben will, ihm gilt sein Wille als Recht. Bei dieser Unterwerfung der Erde dient ihm der Blitz der Excommunication als Waffe, welche er gegen alle schleudert, die ihm nicht willfahren.

Die neunte Centurie weiss nur von fortwährender Verfinsterung zu sprechen, als deren Gründe angegeben werden: zu grosse Liebe zu den menschlichen Schriften, zu grosse Rücksicht auf das Ansehen der Person, Häufung der Ceremonien, Unterdrückung derer, die es treu meinen, Herrschaft des Compilatorenwesens und einer trügerischen Philosophie.

Kein Wunder, dass im zehnten Jahrhundert, auch sonst das saeculum obscurum genannt, die Dunkelheit so gross war, dass man zwar nicht sagen kann, die Kirche habe aufgehört, allein es doch schwer zu finden ist, wo sie gewesen sei. Der Pabst, der nunmehr ein Kirchenkönig geworden, regierte viel übermüthiger, als sonst irgend ein römischer Kaiser.

Zu diesem Reiche des Antichrists bildet einen erfreulichen Contrast die Stiftung des heiligen römischen Reiches deutscher Nation, und die Dauer desselben bezeugt es, dass es durch göttliche Leitung zu Stande gekommen ist. Es sind deutsche Helden, welche dasselbe zu Gedeihen und Ehre bringen.

Doch es ruht, so zeigt die elfte Centurie, auch der Antichrist nicht. Jetzt, nachdem ein herrlicher Staat gegründet, geht er darauf aus, um beides, Staat und Kirche, zu zerstören, heillose Verwirrung zwischen ihnen anzurichten. Der Pabst nimmt sich heraus, über das irdische Imperium gebieten zu wollen und andrerseits werden kirchliche Aemter an die Günstlinge der Fürsten verliehen oder gar um Geld verkauft, und solche sollten dann der Kirche ihre Dogmen vorschreiben. Welches Trauerspiel hat nicht der einzige Heinrich IV., der hochberühmte Kaiser, der Welt dargeboten, weil er den Fuss unvorsichtig gegen die Kirche erhebt; er, der sodann der falschen Kirche das einräumen musste, was ihm sein Ansehen doch verbot, und vor dem „monstro omnium, quae haec terra portavit monstrosissimo," in welchem der Antichrist zu seiner vollkommensten Erscheinung kam, sich auf eine beschämende und kaum auszusprechende Weise demüthigte.

Nachdem der Antichrist zu einem solchen Gipfel der Macht gelangt, dass im zwölften Jahrhundert eine Steigerung derselben kaum noch möglich ist, strebt er danach, alle göttlichen Einrichtungen auf eine besonders hochmüthige Weise sich zu unterwerfen. Nach seinem Belieben werden Monarchien aufgerichtet oder in den Staub getreten. Sogar auf den Nacken des Kaisers wagt der Pabst seinen Fuss zu setzen.

Die dreizehnte Centurie zeigt endlich, wie beide Antichristi das Reich unter sich theilen, so dass kaum noch etwas übrig bleibt, was ihnen nicht als Beute anheim fällt.

Wie die Centuriatoren aus allem, was mit Recht oder Unrecht gegen die Verderbniss des römischen Stuhles anzuführen ist, Capital geschlagen haben, das lässt sich am deutlichsten aus der Art und Weise erkennen, wie sie die Sage von der Päbstin Johanna erzählen. Dass dieselbe so Verächtliches vom Pabstthume berichtet, das scheint ihnen gerade der deutlichste Beweis ihrer Glaubwürdigkeit zu sein; denn Gott habe durch dieses Ereigniss den Charakter desselben der Welt vor Augen stellen wollen. Sie enthält sonderbarer Weise ihren Platz in dem Capitel, welches die aufzählt, die sich der Herrschaft des römischen Antichrists widersetzt haben. So verleihen sie dieser Erzählung einen teleologischen Charakter und leiten dieselbe mit den Worten ein: Gott hat in diesem Jahre durch eine wunderbare That die Schändlichkeit des römischen Stuhles offenbart und jene babylonica meretrix den

Augen und dem Anblick aller preisgegeben, damit die Frommen erkennen sollten, dass jenes, was von der ganzen Welt verehrt wurde, die Mutter aller geistigen und leiblichen Unreinigkeit sei, und damit sie lernen sollten, dieselbe zu verwünschen. Sie geben zwar der Wahrheit die Ehre und erzählen, dass der Name der Päbstin von ihren Nachfolgern aus dem Verzeichniss der Päbste ausgestrichen und dadurch ein verwerfendes Urtheil über dieselbe ausgesprochen worden sei, aber nichts destoweniger wären sie geblieben, was sie waren, die Beschützer jeglichen Götzendienstes und Werkzeuge des Teufels.

Aber selbst entschieden gute Handlungen der Päbste, denen ein sittlicher Werth nicht abzusprechen ist, tadeln die Centuriatoren. Wer möchte es jetzt nicht als etwas Rühmliches und Lobenswerthes hinstellen, wenn einzelne Päbste, den hohen Beruf erkennend, zu dem die Vorsehung sie berufen, die Zwistigkeiten der Fürsten oder Völker beizulegen sich bemühten, wenn sie das Recht des Schwachen und Unterdrückten gegen den Stärkeren in Schutz nahmen, wenn sie die Roheit der Sitten durch weise Gesetze zu mildern suchten? Die Centuriatoren jedoch verwerfen Alles, sie nehmen z. B. in der Ehesache Lothars, dem die beiden nichtswürdigen Erzbischöfe Gunther von Trier und Thietgaut von Köln ganz zu Willen waren, entschieden für den König und gegen den Pabst Partei, der sich des Rechtes der verstossenen Königin aufs kräftigste annahm. In ähnlicher Weise sprechen sie auch in dem Streite Heinrichs II., Königs von England, mit Thomas Becket, Erzbischof von Canterbury, entschieden über alles, was der König thut, ihr Lob aus, des Erzbischofs Handlungen verwerfen sie. Wir könnten noch viele Beispiele aus der Geschichte anführen, aus denen hervorgeht, dass sie nicht nur die Päbste in allen Stücken tadeln, sondern die Gegner derselben genau nach dem Grade des Widerstandes loben, welchen sie den Päbsten entgegen setzten. Karl der Grosse war deshalb den Centuriatoren dort überall ein tüchtiger und grosser Kaiser, wo er sich der Tyrannei der Päbste widersetzt, dort aber tadelnswerth, wo er sich ihnen unterordnet. An diesem Kaiser wird besonders der freie Blick gerühmt, mit welchem er sich über die päbstliche Entscheidung betreffs der Bilderverehrung erhebt. Leicht ist zu ahnen, dass seine Schenkung, die sogenannte donatio Constantini, an den römischen Stuhl in erster Reihe unter seine tadelnswerthen Regentenhandlungen wird gerechnet werden, gab er doch damit zu der Gründung der weltlichen Herrschaft des Antichrists den ersten Anstoss. Sie können es eben so wenig billigen, wenn er die gregorianische Gesangesweise statt der rythmischen, ambrosianischen einführt. Im Uebrigen aber erntet der grosse Kaiser ihr höchstes Lob. Es thut dem deutschen Gemüthe besonders wohl, wenn man alles das, was derselbe zur Erhaltung deutschen Wesens gethan so dankbar anerkannt findet.

Ist es zu verwundern, wenn sich diese Parteinahme im höchsten Grade bei dem Streite zwischen Heinrich IV. und Gregor VII. findet, wo zu dem Hasse gegen das Pabstthum noch das verwundete Nationalgefühl tritt? Es möge uns erspart sein alle die Prädicate und bilderreichen Benennungen, die sie dem Pabste Hildebrand geben, den sie am liebsten Höllebrand nennen, hier anzuführen. Was nur je zu seinen Ungunsten gesagt worden ist, wird bereitwilligst geglaubt. Jedes Mährchen, jede böse Nachrede wird beachtet; z. B. habe er die Römer bestochen, dass sie ihn zum Pabst machen sollten, und sein Verhältniss zur Markgräfin Beatrix wird für ein zweideutiges erklärt, obgleich es anerkanntermassen sehr rein war. Für sein völliges Einverständniss mit Rudolph von Schwaben ist das schon Beweis genug, dass er ihn nicht in den Bann gethan habe; dass die Sachsen, die auf Seiten Gregors standen, im Unrecht waren, versteht sich von selbst. — Als Geschichtsquelle über

Gregor dient ihnen öfter das Werk des Cardinal Benno, eine Schmähschrift voller Widersprüche, deren Angaben ihnen selbst bisweilen etwas wunderbar vorkommen.

Dass in Gregor der verkörperte Antichrist auftritt, dafür haben sie zwei sichre Kennzeichen, die Unterdrückung der Obrigkeit und die Verhinderung der Ehe. Und nun sei leicht zu ermessen, wie bei einem solchen Haupte der Kirche Gottes die übrigen von ihm abhängigen Glieder gewesen seien. — Es ist interessant zu beobachten, wie gegen ein so ungerechtes Gesammturtheil über die Päbste sich doch auch ihr eigenes historisches Gewissen regt: sie müssen sich einige mal selbst einwenden: Wenn nun auch Gregor so war, so sind doch nicht alle so gewesen, und um Eines willen könne man nicht gleich das ganze Pabstthum verdammen. Sofort schlagen sie jedoch solcherlei Bedenken damit nieder, dass sie sagen, wenn man einen kennt, so kennt man alle, und Gott hat einmal durch sein Wort den Antichrist verdammt. — Aber in demselben Grade wie sie den Pabst schmähen, rühmen sie seinen Gegner. Derselbe wird fast so oft er auftritt als ein vorzüglicher Fürst hingestellt. Er war wohlwollend und friedliebend, aber die Bischöfe, des Pabstes Werkzeuge, wurden die Urheber vieler Unruhen; ein Urtheil, welches die Geschichte nicht unterschreiben kann. Als Fehler wird ihm fast nur vorgeworfen, dass er zu Canossa schimpflich Busse gethan und den Pabst um Verzeihung gebeten habe, wodurch er seine gerechte Sache als gottlos hingestellt hätte.

Es ist eigenthümlich, wie beim katholischen Kirchenhistoriker Baronius, welcher natürlich Licht und Schatten umgekehrt vertheilt, auch die Prädicate der beiden Gegner Gregor und Heinrich plötzlich wechseln, da ist Gregor der grosse Pabst und Heinrich der perditissimus homo.

Aehnlich werden in den Centurien die Verhältnisse dargestellt, wo die Kämpfe der Hohenstaufen Friedrichs I. und Friedrichs II. mit den Päbsten Alexander III. und Gregor IX. erzählt werden. Da können sie den Päbsten besonders nicht vergeben, dass sie die Kaiser zum Fusskuss nöthigten. Sie finden aber nie die Kaiser tadelnswerth, die sich doch hiezu bereit finden liessen, sondern stets die Päbste, die solches beanspruchten.

Die Kirchengeschichte der Centuriatoren würde nun ein Gemälde werden, das nur mit dunkeln Farben gezeichnet ist, wenn nicht auch eine lichte Stelle sich darin fände; und dieser Punkt, auf den sie freigebig helles Licht fallen lassen und sich gewissermassen desselben freuen, ist die Aufzählung und Schilderung der herrlichen Helden und erhabenen Herrscher, welche auf dem deutschen Kaiserthrone sitzen. Zu dem Nachtstück der Pabstgeschichte bildet die Geschichte der Kaiser das glänzend strahlende Pendant. Doch fühlt man in wohlthuender Weise, dass hier nicht blos die Opposition gegen das Pabstthum ihnen die Worte so in den Mund legt, sondern ein warmer Patriotismus. Sie zeigen, dass sie mit Stolz zu dieser Reihe der Kaiser als den Ihrigen aufblicken, und geben den Römern nicht undeutlich zu verstehen, wie immer erst durch den Zug eines deutschen Kaisers in ihr Land Ordnung in ihre zerfahrenen Verhältnisse habe gebracht werden müssen.

Wie nun diejenigen, die den Päbsten kräftig Widerstand leisten, mit Lob reichlich bedacht werden, so müssen dafür alle, welche zur Erweiterung der päbstlichen Macht direkt oder indirekt beigetragen oder sich ihnen bei Befestigung derselben nicht widersetzt haben, büssen. Sie alle sind ja mehr oder weniger Diener des Antichrists.

Da jede Erweiterung des äusseren Gebietes der christlichen Kirche auch eine Erweiterung der päbstlichen Herrschaft war, so erhalten Missionare kein besonderes Lob, so sehr auch sonst den Centuriatoren die Bekehrung der Heiden am Herzen lag. Nach ihrer Meinung leistet z. B. Bonifazius dem Antichrist wesentliche Dienste, da er der Herrschaft des Pabstes immer mehr Völker unterwirft. Er erhält von ihnen auch aus dem Grunde erheblichen Tadel, weil er das Christenthum, so wie es damals war, mit seinen Fehlern und Irrthümern, mit seinem Aberglauben und Werkedienst, verbreitete. Dennoch können sie das Gute, was er gestiftet, nicht ganz ignoriren, und so theilen sie denn sein Thun in das, was er als Christi Diener und in das was er als Diener des Antichrist gethan habe. Als Christi Diener habe er sich darin bewährt, dass er die Heiden zu Christo bekehrte, Laster rügte, Betrübte tröstete, die Sacramente verwaltete, andere zum Werke der Mission begeisterte, Schüler unterrichtete, auf Fragen Bescheid gab, dass er Bücher hoch schätzte, Kirchen baute, Bischöfe einsetzte, Diöcesen einrichtete und Synoden besuchte.

Als ein Diener und Werkzeug des Antichrists aber, behaupten sie, that er auch viel Schlechtes: denn Franken, Noriker, Bojer, Thüringer, Katten, Sachsen, Dacier, Slaven, Friesen, alle brachte er unter das päbstliche Joch. Fr führte Messen und Todtenmessen ein, ebenso das Mönchsleben, erfand die Brüderschaften, setzte den König Childerich ab und an seine Stelle Pipin, und sprach das Volk vom Eide los. (Letztere Anschuldigungen sind jedoch von der Geschichte widerlegt.) Stets unterwirft er sich dem Pabste, wehrt nicht den päbstlichen Irrthümern und lockt mächtige Personen durch Geschenke an. Manche seiner Lehren sind gleichfalls schlecht, z. B. die, dass das Gebet nur dann vor Gott angenehm sei, wenn des Pabstes Segen dazu komme. Auch seine Wunder sind mehr abergläubische und lügnerische Berichte. — Und doch hätte Bonifazius sich ganz von seiner Zeit losreissen müssen, wenn er hätte anders sein wollen.

Unter demselben Gesichtspunkte werden von den Centuriatoren die Kreuzzüge aufgefasst. Obgleich sie nicht dagegen sind, dass das heilige Land den Ungläubigen entrissen werde, so sehen sie diesem grossartigen Schauspiele einer zweiten Völkerwanderung doch nur gleichgültig zu; ja sie können nicht umhin fast ihre Freude durchblicken zu lassen, dass bei dem ersten Kreuzzuge Deutsche nicht betheiligt gewesen sind. Der Grund zu diesem Verhalten liegt in der Erwägung, dass die Kreuzzüge ja hauptsächlich von den Päbsten veranlasst würden, und ihre Erfolge eine Vermehrung der päbstlichen Macht mit sich brächten. Sodann meinten sie auch, dass die Päbste deshalb die Fürsten in die Ferne schickten, um selbst nachher desto freier regieren und ihre Ränke ausführen zu können.

Wie die Centuriatoren in den Missionaren und Glaubensboten nur des Pabstes streitbares Heer erblickten, so fanden natürlich auch die Cardinäle und Bischöfe als des Pabstes unterwürfige Diener nicht Gnade vor ihren Augen. Die Gründer der Mönchsorden sowie die Mönche selber erhalten wenig Lob. Sind sie es denn nicht, welche des Pabstes Vorschriften befolgen, durch ihre vermeintlich guten Werke schnurstracks der Schrift zuwider handeln und besonders durch ihre Ehelosigkeit des Antichrists Zeichen an sich tragen?

Auch die Scholastiker erhalten nie irgend eine Anerkennung, da sie alles in Zweifel zögen, Fragen ohne Maass und Ziel aufwürfen und Spitzfindigkeiten häuften, da sie die Theologie mit der Philosophie vermischten und besonders mit der des Aristoteles. Ferner vernachlässigten sie die Grundsprachen der heiligen Schrift wie auch die freien Künste, und ihre dunkeln Fragen verhüllten sie in noch dunkleren oft monströsen Worten. Sie sind es, wie ausdrücklich angeführt wird, die den Pabst verehren und meinen, es wäre Unrecht auch nur ein wenig vom Pabstthum abzuirren, und auf diese Weise würfen sie sich zu Beschützern falscher Dogmen auf. — Darum erhalten auch Männer wie Franz von Assisi, Bernhard von Clairvaux, Peter von Clugny, nie ein ungetheiltes Lob, denn einige Handlungen derselben werden immer aufgefunden, nach welchen sie als Förderer des Pabstthums dastehen, und andrerseits haften ja auch wirklich die Fehler ihrer Zeit ihnen an.

Machen so die Centuriatoren ihr Urtheil über die Persönlichkeit abhängig von deren Stellung zum Pabstthum, zum Königthum oder zur reinen Lehre, so lässt sich denken, dass sie mit ihrem Urtheil in's Schwanken gerathen bei Solchen, deren Handlungen nach der einen Seite mit ihren Sympathien zusammentreffen, nach der andern aber ihnen antipathisch sind. So ist ihnen Arnold von Brescia zwar als Gegner des Pabstthums sympathisch jedoch keineswegs als Feind des deutschen Kaisers. Ebenso schwankt ihr Urtheil über Abälard, der sie anzieht durch seine Bekämpfung einer dürren und befangenen Scholastik, doch durch seine ketzerische Trinitätslehre das eroberte Vertrauen wiederum verscherzt.

Dass nun die Geschichte bei solcher Parteilichkeit der Darsteller, bei dem im voraus festgesetzten einseitigen Standpunkte nicht viele Ansprüche auf Glaubwürdigkeit machen kann, leuchtet von selbst ein. Wem das Pabstthum das Antichristenthum ist, der ist eben durch diese Voraussetzung in seinem Urtheile gebunden und darf demselben nichts Gutes zuschreiben. Wer, wie es die Centuriatoren thun, seine Ansicht nicht aus dem Gegebenen gewinnt, sondern eine vorweg gefasste Idee schlechthin zum Maassstab der Beurtheilung alles Einzelnen macht, der wird nie ein objectives Urtheil gewinnen können. Er hat nur eine Parteiansicht und das polemische Interesse derselben bestimmt den leitenden Gesichtspunkt.

Wie ganz anders, wie himmelweit verschieden von diesem parteiischen Standpunkte ist derjenige, welchen die Kirchengeschichtsschreiber unserer Tage einnehmen! Wie es notorisch ist, dass es Protestanten waren, welche zuerst ein begründetes und maassvolles Urtheil über die Grösse und geschichtliche Bedeutung Gregors VII aufgestellt haben, so findet man jetzt in der protestantischen Kirche im allgemeinen eine richtige Würdigung der Bedeutung des Pabstthums und seiner historischen Aufgabe. Die Zeiten sind vorüber, in welchen man im Mittelalter nur ägyptische Finsterniss sah.

Folgende Gesichtspunkte sind jetzt die leitenden: Wie die erste Hälfte jener Periode der einheitlichen Kirche hauptsächlich der Bildung des Dogmas zugewandt war, so ist es in der zweiten Hälfte dieser Zeit vornehmlich die Hierarchie, welche zu ihrer Entwicklung und Ausbildung gelangt. Die Hierarchie hat allerdings mit dem Dogma angefangen sich zu entwickeln, denn dasselbe erhält seine bestimmte Gestalt erst durch die Bischöfe, diese selbst sind nur um des Dogmas willen da, sie sind die Bewahrer und Pfleger desselben. Nachdem das Dogma im sechsten Jahrhundert zu einer gewissen Ausbildung gekommen, geht die Entwicklung auf Seiten der Hierarchie weiter. Von unten an baut sich dieselbe auf. Wie die Bischöfe die Grundpfeiler des hierarchischen Systems sind, so ist das Pabstthum die Spitze desselben. Wie der Bischof für seine Gemeinde als Vertreter Christi dasteht, ist der Pabst der absolute Bischof und Repräsentant Christi für die gesammte Kirche, der Stellvertreter Gottes und Christi. Jeder, welcher nun ein Mitglied dieser Gemeinschaft sein will, hat sich diesem Oberhaupte, durch dessen Vermittlung er sich der Gemeinschaft mit Gott und somit seiner Seligkeit bewnsst ist, unterzuordnen. Die Idee der Kirche, wie sie von Anfang an sich zu realisiren strebte, ist nunmehr im Pabstthum als der Spitze des hierarchischen Systems verwirklicht, die katholische Kirche in ihrer sichtbaren Erscheinung ist diese reale Darstellung der Idee der Kirche.

Wenn die neuen Kirchenhistoriker so das Wesen des Pabstthums auffassen, so wird man ihm eine relative Berechtigung, aber auch nur eine solche, nicht absprechen können, unter der Voraussetzung nämlich, dass die Entwicklung der christlichen Kirche diesen Gang geht, wie sie ihn eben im Mittelalter gegangen ist. Es ist nämlich das Streben dieser ganzen ersten Hauptperiode, die Idee der Kirche so ganz und gar im Sinnlichen und Irdischen zu realisiren, dass man darauf ausgeht, alles Sichtbare, soweit es möglich, dieser Idee zu unterwerfen. Von diesem Gesichtspunkte werden die einzelnen Inhaber des päbstlichen Stuhles betrachtet, indem man zugleich auf Eigenthümlichkeiten des Individuums und der Zeit, in welcher dasselbe lebt, die nothwendige Rücksicht nimmt.

Da durch den Protestantismus in der Auffassung der Kirche eine principielle Aenderung eingetreten ist, insonderheit da die Persönlichkeit sich frei weiss, alle äussere Vermittlung verschmäht und nur die tiefinnerliche anerkennt, welche von den Reformatoren als die Rechtfertigung durch den Glauben ausgesprochen ist, so kann der Protestant dem Pabstthum eine Berechtigung für die Zeit nach der Reformation nicht mehr zugestehen.

Wenn wir nun noch ein Wort über die politische Ansicht der Centuriatoren hinzufügen wollen, so findet sich dieselbe natürlich im engsten Zusammenhange mit ihrer religiösen und historischen. Man muss es anerkennen, dass die Grundlage derselben eine grosse Liebe zum Vaterlande ist. Was sie von Deutschland anführen, spricht dafür So erzählen sie mit grosser Genugthuung, dass nach des Irenäus Zeugniss die Kirche Deutschlands in den ersten Jahrhunderten nie anders geglaubt habe als die Apostel und ihre Schüler; gewiss das höchste Lob, welches sie ertheilen können. Mit besonderem Stolz berichten sie sodann von den Thaten der deutschen Kaiser.

In ihrem Gewissen sind sie stets an das Legitimitätsprincip gebunden und es ist nicht der geringste Vorwurf, den sie dem Pabstthum machen, dass dasselbe öfters Thronräubern und Empörern Vorschub leiste, ja Unterthanen ihres Eides entbinde. Der Papst Zacharias z. B. muss es büssen, dass er die Absetzung des rechtmässigen Königs Childerich III. und die Besitznahme des Thrones durch den „meineidigen Pipin" gebilligt habe. Von Rudolph von Schwaben, dem Gegenkönige Heinrichs IV., erzählen sie mit Nachdruck, wie er in seinen letzten Augenblicken den Umstehenden gesagt habe: „Diejenigen, welche mich verführt, mögen es verantworten, wenn sie mich in den Abgrund der ewigen Verdammniss gebracht haben."

Wenn sie sich über das Verhältniss zwischen Staat und Kirche äussern, so tritt uns hier eine nicht ganz consequente Ansicht entgegen. Es solle nämlich die Obrigkeit die reine Lehre beschützen und fördern, sich aber nicht in die Bildung der Lehrsätze hineinmischen, als ob nicht oft aus dem Beschützen sich ein Hineinmischen ergeben hätte. Doch ist es ihnen andrerseits mit dem Nichthineinmischen kein rechter Ernst, denn sie tadeln nie einen Kaiser, der sich Eingriffe erlaubt hat, sofern nur durch ihn die orthodoxe Lehre festgestellt wurde, im Gegentheil, sie loben dies. Es ist bekannt, dass der von ihnen so gepriesene Constantin und Karl der Grosse bei der Feststellung der Lehre ihre Ansicht sehr oft mit geltend machten. Eine lange Vorrede wird dem Preise des griechischen Kaisers Pogonnatus gewidmet, der die Lehre von dem doppelten Willen zur Geltung brachte. Ebendaselbst empfängt Heraklius eine strenge Zurechtweisung, da er nicht auf die Bischöfe hörte, sondern eigenmächtig dem Monotheletismus zur Herrschaft verhalf.

Uebrigens wird man in den Capiteln, wo sie die Politik berühren, und auch in andern finden, wie Anspielungen auf wichtige Ereignisse und Personen ihrer Zeit ihnen durchaus nicht fern liegen. Man liest z. B. zwischen den Zeilen wiederholt die Freude, welche die Verfasser empfinden, dass die evangelische Kirche sich solcher Protectionen wie durch die sächsischen Kurfürsten und die Stadt Magdeburg zu erfreuen hatte. Dazwischen hört man jedoch auch leise Seufzer ertönen über das Interim und Melanchthons Verhalten dabei.

Einer besonderen Berücksichtigung bei der Localgeschichte der einzelnen Erzbisthümer hat sich natürlich die Stadt Magdeburg selbst zu erfreuen, deren Namen sie in dankbarer, doch sonderbarer Weise von dem hebräischen Worte מֶגֶד (meged) ableiten, welches so viel bedeutet wie „sehr vorzüglich, sehr edel."

Wir müssen jetzt noch eines Punktes gedenken, dass ihnen nämlich das, was sie den Berichterstattern der früheren Zeit zum Vorwurf machen, ein übertriebener Wunderglaube, selbst anhaftet, so dass man kaum einige Seiten lesen kann ohne auf Mirakel zu stossen. Sie stellen nämlich die Weltregierung Gottes so dar, dass er überall sofort persönlich eingreift, überall insbesondere sofort den Frevler seine Strafe fühlen lässt. Kaum haben sie von einer grossen Uebertretung erzählt, als sie auch gleich die Strafe dafür zu berichten wissen. Andrerseits sind sie selbst von ihren Quellen noch so abhängig, dass sie die Wunderberichte derselben fast ohne alle Kritik in ihre Erzählung mit hinübernehmen. Nicht alle Wunder jedoch halten sie für wahr, denn im dreizehnten Capitel handelt nur der erste Theil von den glaubwürdigen, der zweite Theil aber von den abergläubischen und fabelhaften Wundern. Sehen wir jedoch näher zu, was denn eigentlich ein Wunder zu einem fabelhaften stempelt, so finden wir wieder, dass nur die Opposition gegen die Hierarchie und die religiösen Gebräuche das Kriterium herzugeben vermag. Diejenigen Wunder werden alle für erfunden erklärt, durch welche irgend ein Missbrauch, ein Aberglaube sanctionirt werden soll; wird aber z. B. berichtet, ein schlechter Pabst sei nach seinem Tode von bösen Geistern in den Schlund des Aetna geworfen worden, so finden sie keinen Grund der Unwahrscheinlichkeit. Es hat das dreizehnte Capitel eine grosse Aehnlichkeit mit den Annalen der römischen Priester des heidnischen Alterthums, die auch nichts weiter waren als ein trockenes Verzeichniss der äusserlichsten Ereignisse und Vorgänge, vorzüglich der Prodigien, der befremdlichen Naturerscheinungen, der Finsternisse, der Sterbeläufte und Theuerungsjahre. Wie leicht die Centuriatoren abenteuerlichen Gerüchten Glauben schenkten, erkennen wir besonders daraus, dass auch sie in den Berichten über die „Angelegenheiten der Juden" die Mährchen über geschlachtete Christenkinder bereitwillig nacherzählen.

Es bleibt nur noch zu erwähnen, dass es auffällt, mit welcher Strenge und Genauigkeit die Centurien alles classificiren und nach bestimmten Kategorien eintheilen. So wie bei der Lehre in jedem Jahrhundert die Eintheilung nach den loci der lutherischen Dogmatik geschieht, so wird auch in jedem andern Capitel alles rubricirt und schematisirt. Weder ist so ein tiefer Einblick in das eigenthümliche Wesen einer Persönlichkeit und eines Charakters noch in den concreten Zusammenhang der Geschichte selber möglich; es reiht sich immer nur Einzelnes an Einzelnes. Selbst das, was ihnen die Hauptsache ist, die Entwicklung des Pabstthumes darzustellen, gelingt ihnen nicht in dem Maasse, dass man ein concretes Bild von der Grossartigkeit der Erscheinung desselben erhielte. —

Auf die Magdeburger Centurien folgte ein ziemlich langer Zeitraum, in welchem im Grossen und Ganzen für die Kirchengeschichte nicht viel geschah. Zudem war dieses Werk von solcher Bedeutung, dass sich ihm nicht leicht eine hirchenhistorische Leistung an die Seite stellen konnte, und dann bot es eine so reiche Fülle von historischem Stoff dar, dass man lange daran zu zehren hatte.

Dennoch liegt es auf der Hand, dass man bei der Einseitigkeit der ersten protestantischen Kirchengeschichte nicht stehen bleiben konnte. — Es folgte die Zeit der dogmatischen Kämpfe. Die auf die Spitze getriebenen Streitigkeiten erzeugten endlich einen Widerwillen dagegen, der in der Kirchengeschichte des Arnold zum Ausdruck kam, sein Werk „unparteiische Kirchen- und Ketzerhistorie" war auch parteiisch wie die Centurien, nur dass es alles Uebel vom Pabst und der Klerisei, von der Herrschaft des Dogmas und des Symbols auch in der protestantischen Kirche ableitete.

Mit Weissmann erst tritt der gewaltige Fortschritt ein, dass es nicht mehr das polemische Parteiinteresse ist, welches der Kirchengeschichte dienstbar ist, sondern dass sie sich davon emancipirt und ihren Werth und Reiz in sich selbst sucht und findet.

Ebenso bedeutend, wo nicht noch grösser, ist der Fortschritt, den der berühmte Mosheim macht, der dadurch, dass er den Begriff der Kirche genau fixirt und so das Gebiet der Kirchengeschichte genau begrenzt, dadurch, dass er mit Bewusstsein einen objectiven Standpunkt einnimmt und endlich dadurch, dass er die Momente genau erforscht, die sich auf die Entwicklung des Dogmas und des innern Wesens des Christenthums beziehen, ein Werk hergestellt hat, welches ihn zum anerkannten Meister der kirchlichen Geschichtsschreibung macht.

Wenn mit Semler überhaupt ein Fortschritt in der Kirchenhistorik constatirt werden kann, so ist es nur der, dass er durch eigenes fleissiges Beispiel auf die Wichtigkeit des Quellenstudiums hingewiesen hat. Im Uebrigen führt er die Betrachtungsweise ein, in welcher man in der Menschheit nur einen atomistisch zusammengesetzten Complex von lauter einzelnen Persönlichkeiten sieht, und in der Geschichte nur einen Bericht, wie sich die subjective Freiheit der Menschen zu einander verhalten habe.

Nachdem die nächste Reihe der Kirchenhistoriker Schrökh, Spittler, Planck, Henke noch besonders die pragmatische Geschichtsschreibung ausgebildet haben, nach welcher man die Begebenheiten nicht als etwas Zufälliges erzählt, sondern nach ihren Ursachen und Triebfedern forscht, wobei jedoch, bei dem Mangel an höheren Ideen, der Anschauung und Willkür des subjectiven Ermessens des Schriftstellers der weiteste Spielraum gelassen ist, leuchtet mit Neander und Gieseler endlich die Morgenröthe der Neuzeit herein. Der Blick des Geschichtsschreibers ist jetzt auf die Idee gerichtet, welche den Inhalt beherrscht und durchdringt, auf die Idee, welche nicht als etwas Abstractes, Leeres dasteht, sondern mit dem lebensvollsten concreten Inhalte gefüllt ist.

Jetzt ist das Ziel erreicht, das Schelling so schön andeutet, wenn er sagt: „Erst dann erhält die Geschichte ihre Vollendung für die Vernunft, wenn die empirischen Ursachen, indem sie den Verstand befriedigen, als Werkzeuge und Mittel der Erscheinung einer höhern Nothwendigkeit gebraucht werden. In solcher Darstellung kann die Geschichte die Wirkung des grössten und erstaunenswürdigsten Dramas nicht verfehlen, das nur in einem unendlichen Geiste gedichtet sein kann." —

Dass wir nun, um ein Bild zu gebrauchen, welches die Centuriatoren selbst angewandt, auf die Zinne des Hauses treten können und einen freien, weiten Blick in's Land haben, das verdanken wir vor allen Dingen denen, die den Grund zu diesem Hause gelegt und wacker mit am Bau gearbeitet — den Magdeburger Centuriatoren.

2) 1. Oberlehrer **Dr. Schreiber**	Chemie 3		Chem. 3	Naturg. 3	Naturg. 3	Naturg. 2		Naturg. 2			Naturg. 2	Naturg. 2					20
3) 2. Oberlehrer **Dr. Breddin**				Gesch. 3		Latein 5 Franz. 1 Engl. 4			Engl. 4								20
4) 3. Oberlehrer **Stechert**	Franz. 4	Franz. 4	Franz. 4						Franz. 4 Math. 4								20
5) 4. Oberlehrer **Dr. Jeusch**	Engl. 3	Engl. 3	Engl. 3		Franz. 4 Engl. 3 Latein. 4												20
6) 5. Oberlehrer **Mänß**	Religion 2 Geschichte 3 Deutsch 3		Rel. 2 Deutsch 3 Gesch. 3	Rel. 2		Rel. 2											20
7) 1. ord. wiss. Lehrer **Dr. Stephan**										Franz. 5 Rel. 2							7
8) 2. ord. wiss. Lehrer **Dr. Tilldorf**	Math. Zeichnen 1 Mathematik 5		Math. 5	Math. 5	Math. 5												2[illegible]
9) 3. ord. wiss. Lehrer **Dr. Lilie**				Engl. 3			Engl. 4	Latein. 5 Franz. 4 Engl. 4 Gesch. 2									22
10) 4. ord. wiss. Lehrer **Dr. Klein**				Latein. 4 Franz. 4			Latein. 5 Franz. 4 Deutsch 3										20
11) 5. ord. wiss. Lehrer **Dr. Wennrich**					Rel. 2 Gesch. 3			Rel. 2	Rel. 2		Latein. 7 Franz. 5 Rel. 2						22
12) 6. ord. wiss. Lehrer **Dr. Gantzer**	1 Physik 1 2		Physik 3	Physik 3	Physik 3		Math. 5						Franz. 4				22
13) 7. ord. wiss. Lehrer **Reichert**						Deutsch 3	Rel. 2 Geogr. 2 Gesch. 2					Latein. 9 Franz. 4					22
14) 8. ord. wiss. Lehrer **Dr. Volkmar**				Deutsch 3						Latein. 7 Deutsch 3			Latein. 9				22
15) 9. ord. wiss. Lehrer **Wentzlau**					Deutsch 3 Geogr. 1									Latein 9		Latein.	22
16) 1. technisch. Lehrer **Lilienfeld**	Zeichnen 2		Zeichn. 2	Zeichn. 2	Zeichn. 2	Zeichn. 2	Zeichn. 2	Zeichn. 2	Zeichn. 2	Zeichn. 2	Zeichn. 2						20
17) 2. technisch. Lehrer **Seiler**				(Rech. 1)		(Schreiben 1)	Naturg. 2 Rechn. 1		Naturg. 2 Rechn. 2	Naturg. 2 Rechn. 3 Schreib. 1	Schreib. 1			Naturg. 2		Rechn. 5	2[illegible]
18) 3. technisch. Lehrer **Zimmermann**												Geogr. 3 Schreib. 2	Geogr. 3 Schreib. 2		Deutsch 4 Geogr. 3	Deutsch 4 Geogr. 2	21
19) 4. technisch. Lehrer **Glasberger**					(Rech. 1)	Rechn. 1		Rechn. 1			Singen 2	Singen.		Rel. 2 Rechn. 4	Rel. 2 Singen 1		21
20) 5. technisch. Lehrer **Zeeglitz**											Deutsch 2 G. Gr. 4			Deutsch 3 Naturg. 2	Rechn. 5 Schreib. 4	Schreib. 4	2[illegible]
21) 6. technisch. Lehrer **Grasshoff**											Rel. 2 Deutsch 3 Zeichn. 2	Deutsch 3 Rel. 2 Zeichn. 2	Rel. 2 Zeichn. 2	Deutsch 3 Zeichn. 2 Schreib. 2 Geogr. 3		Rel. 2	21
22) 1. wiss. Hülfslehrer **Dr. Danckwortt**						Math. 3		Math. 3		Math. 3	Math. 3 Rechn. 3		Rechn. 4				22

Schulnachrichten.

Lehrverfassung.

(S. bedeutet Sommersemester, W. Wintersemester.)

Unter-Sexta.

Religion. 3 St. Erlernung der Reihenfolge der biblischen Bücher. Bibl. Geschichte des A. T. nach Zahn (§. 1—25) von Erschaffung der Welt bis zur Geburt des Moses. Aus dem N. T. einige auf die christlichen Hauptfeste bezügliche Stellen und Erzählungen; nebenbei Erlernung einiger Bibelstellen. — Katechismus: Erlernen der zehn Gebote mit Erklärung und des Vaterunsers ohne Erklärung. — Lieder: Wach auf mein Herz! (134) und Lobt Gott ihr Christen! (25).

Deutsch. 4 St. Die Lehre von den Redetheilen und vom einfachen Satze. — Orthographische Uebungen. Declamationsübungen. Lectüre des Lesebuchs von Hopf und Paulsiek (Theil I. 1.) Logische und grammatische Durchnahme einzelner Lesestücke. Uebung in verständiger Auffassung des Inhalts durch Wiedererzählen, Formveränderung.

Lateinisch. 9 St. Die regelmäßige Formenlehre bis zur ersten Conjugation. incl. Die Comparation der Adjectiva und die Zahlwörter (Card. und Ordin.). Dem entsprechend werden gelernt die Vocabeln aus Spieß I. Theil Kapitel 1—15 incl., täglich 10—15, sowie die Uebungsbeispiele dieser Kapitel schriftlich und mündlich übersetzt. Mit dem Hülfsverb esse wird gleich nach Einübung der ersten Declination begonnen. Wöchentlich ein Extemporale. Außerdem mehrmals in der Woche schriftliche häusliche Uebungen im Uebersetzen aus Spieß.

Geographie und Geschichte. 3 St. Geographische Grundbegriffe. Allgemeine Uebersicht über die Vertheilung des Landes auf der Erde. Voigt 1. Cursus §. 1—9. — Deutsche, griechische und römische Sagen.

Rechnen. 5 St. Wiederholung der Rechnung mit unbenannten und benannten Zahlen. Der erste Theil der Bruchrechnung. (Addition und Subtraction mit gleichnamigen Brüchen. Multiplication und Division der Brüche mit ganzen Zahlen.) Uebungen im Kopfrechnen.

Schreiben. 4 St. Einübung der deutschen und lateinischen Schrift nach Vorschrift an der Wandtafel mit Anwendung des Taktschreibens. (Doppellinien.)

Ober-Sexta.

Religion. 3 St. Wiederholungen aus der biblisch. Geschichte von §. 1—25 nach Zahns Historienbuch. Durchnahme der §§. 26—45, bis Sauls Tod. Gelernt sind die Kirchenlieder: Befiehl du deine Wege (77), O Haupt voll Blut und Wunden (39). Die biblischen Bücher des alten und neuen Testaments und verschiedene Bibelstellen im Anschluß an die biblischen Geschichten. Ferner Wiederholung der zehn Gebote mit Erklärungen.

Deutsch. 4 St. Die Redetheile mit ihren Veränderungen, wie Declination, Conjugation und Comparation; der einfache nackte Satz mit seinen Erweiterungen. — Orthographische Uebungen; Besprechung von Gedichten und Prosastücken aus Hopf und Paulsiek. Mündliche und schriftliche Wiedergabe des Inhalts der besprochenen Stücke. Erlernung von Gedichten.

Lateinisch. 9 St. Wiederholung des Pensums von Unter-Sexta. Die Declination der Pronomina. Die regelmäßige II, III. und IV. Conjugation. Die Deponentia, Präpositionen und Adverbien. Mündliche und schriftliche Uebersetzungsübungen aus dem Uebungsbuche von Spieß Theil I. Kap. 16—25. — Wöchentlich ein Extemporale zur häuslichen Correctur außerdem schriftliche und mündliche Uebersetzungsübungen. Tägliches Memoriren von Vocabeln aus dem Uebungsbuche von Spieß Th. I Kap. 16—25.

Geographie und Geschichte. 3 St. Wiederholung des Pensums von Unter-Sexta. Durchnahme von §. 10—15 im Voigt I. Cursus. — Allgemeine Uebersicht über die Vertheilung des Wassers auf der Erde. — Siegfriedssage, Argonautenzug, trojanischer Krieg, Könige von Preußen, drei Schlachten: Belle Alliance, Königgrätz und Sedan.

Rechnen. 5 St. Die einfache Bruchrechnung wiederholungsweise durchgenommen, das Pensum erweitert durch das Rechnen mit eigentlichen Brüchen, das Resolviren und Reduciren geübt, soweit es im praktischen Rechnen für diese Stufe seine Anwendung findet. Tafel- und Kopfrechnen wechselte miteinander; schriftliche Arbeiten zur Correctur wurden allwöchentlich angefertigt.

Schreiben. 4 St. Wie Unter-Sexta, jedoch auf einfachen Linien.

Unter-Quinta.

Religion. 2. St. Bibel: Die biblischen Geschichten A. T. nach Zahn von Saul bis zur Theilung des Reichs von §. 46—58. Aus dem N. T. weitere Besprechung der die drei christlichen Hauptfeste betreffenden Abschnitte. Das Kirchenjahr. Erlernung von Bibelsprüchen. — Katechismus: Erlernen der Glaubensartikel. Wiederholung der Gebote. — Kirchenlieder: Eine feste Burg ist unser Gott (79). Wie groß ist des Allmächt'gen Güte. (124).

Deutsch. 3 St. Wiederholung und weitere Begründung des Pensums von Ober-Sexta. Der einfache Satz mit seinen Erweiterungen, Declination der Substantiva, Adjectiva, Pronomina, starke und schwache Conjugation. Lesebuch von Hopf und Paulsiek für Quinta. Die mündlichen und schriftlichen Uebungen ähnlich wie in Sexta. Aufsätze, meist erzählenden Inhalts. Auswendiglernen leichter Prosastücke und Gedichte.

Lateinisch. 9 St. Repetition des Sextapensums. Das Unregelmäßige der Formenlehre. Die Ausnahmen der Genusregeln, unregelmäßige Comparation, Num. distrib. und multipl., Pronomina, Verba mit unregelmäßigem Perfekt und Supinum, Verba anomala. Conjug. periphrastica, Grammatik F. Schultz. Wöchentlich ein Extemporale, täglich häusliche Uebungen aus dem Uebungsbuch von Spieß Th. II. bis Seite 56.

Französisch. 4 St. Plötz, Elementargrammatik, Lect. 1—30.

Geographie und Geschichte. 3 St. Wiederholung des Pensums von Ober-Sexta. Betrachtung der Erde nach ihrer Bodengestalt. Voigt II. Cursus §. 15—21. — Der trojanische Krieg. Der Argonautenzug. Cyrus. Crösus. Lykurg. Solon. Der Kern des Nibelungenliedes.

Naturbeschreibung. 2 St. S. Die wichtigsten Pflanzen der Umgegend. W. Die wichtigsten Thierfamilien. — Es wurden immer diejenigen Objecte berücksichtigt, die auf der folgenden Stufe als Classen-Repräsentanten Verwendung finden.

Rechnen. 4 St. Befestigung der allgemeinen Bruchrechnung, Einübung der Decimalbruchrechnung und Anwendung derselben mit Benennungen. Wöchentlich schriftliche Arbeiten zur Correctur.

Schreiben. 2 St. Uebung nach Vorschrift an der Wandtafel und nach Vorlegeblättern.

Zeichnen. 2 St. Einfache Linien. Geradlinige Figuren nach Anleitung des Heftes von Lilienfeld.

Ober-Quinta.

Religion. 2 St. Repetition des Unter-Quintapensums. — Bibel: Die biblische Geschichte A. T. nach Zahn von der Theilung des Reichs bis Nehemia, von §. 58—81. — Erlernung von Bibelsprüchen. — Katechismus: Wiederholung des I. und II. Hauptstückes. — Kirchenlieder: Auf Gott und nicht auf (72). Mir nach, spricht Christus unser Held (104).

Deutsch. 3 St. In der Grammatik: Beziehung der Wörter auf einander. Beigeordnete und zusammengezogene Sätze. Die Rectionslehre ausführlich. Die Interpunction. — Durchnahme und Erklärung deutscher Gedichte und Prosastücke aus dem Lesebuche von Hopf und Paulsiek für Quinta. Auswendiglernen leichter Poesie und Prosa. Alle Woche ein Dictat und alle drei Wochen ein Aufsatz.

Lateinisch. 9 St. Repetition des Unter-Quintapensums, Schulz bis §. 152. Die wichtigsten Regeln der Syntax, Acc. c. Inf., der Gebrauch der Participia u. s. w., wie sie im 2. Theile des Uebungsbuches von Spieß, Seite 57—92 angegeben sind. Memoriren ausgewählter Sätze. Wöchentliche Exercitien und Extemporalien.

Französisch. 4 St. Repetition des Unter-Quintapensums und Plötz I. Theil Lection 31—60. Wöchentliche Exercitien und Extemporalien.

Geographie und Geschichte. 3 St. Wiederholung des Pensums von Unter-Quinta. Betrachtung der Erde nach ihrer Bodengestalt. Voigt II. Cursus §. 22—25. — Geschichtliche Charakterbilder, Karl der Große, Otto der Große, Barbarossa, Rudolph v. Habsburg, Luther, Columbus, der große Kurfürst, Friedrich der Große, Napoleon I.

Naturbeschreibung. 2 St. Propädeutischer Unterricht. Im Sommer wurden etwa 30—40 der wichtigsten Pflanzen aus der Umgegend vorgezeigt und zum Theil von den Schülern nach einem bestimmten Schema beschrieben; die Schüler legten sich ein Herbarium an. —

Im Winter wurden je einige Repräsentanten der 12 Thierklassen, theils nach der Natur theils nach Abbildungen, theils ohne diese möglichst ausführlich beschrieben.

Rechnen. 4 St. Repetition der allgemeinen Bruchrechnung. Wiederholung der Decimalbruchrechnung, dieselbe in Verbindung mit der gewöhnlichen Bruchrechnung und die Preisrechnung. Lehrbuch Lesebuch §. 33—57. Uebung im Kopfrechnen. — Tages- und Wochenarbeiten, letztere der Correctur unterzogen.

Schreiben. 2 St. Uebung nach Vorschrift an der Wandtafel und nach Vorlegeblättern.

Zeichnen. 2 St. Geradlinige Figuren nach Anleitung des Heftes von Lilienfeld.

Unter-Quarta.

Religion. 2 St. Leben und Lehre Jesu nach Zahn's biblischer Geschichte. Erlernung von Sprüchen aus Jesu Reden sowie des Kirchenliedes: In allen meinen Thaten 2c. und des 3. Hauptstückes. Wiederholt wurden einzelne der in den früheren Klassen gelernten Kirchenlieder.

Deutsch. Die Lehre vom einfachen und erweiterten Satz wurde repetirt, die wichtigsten Arten der Nebensätze erklärt und geübt. Außerdem wurden Gedichte und Prosastücke aus dem Lesebuche von Hopf und Paulsiek (I., 3) durchgesprochen und erklärt und zum Theil auswendig gelernt. Alle Woche wurde je ein Dictat oder Aufsatz corrigirt.

Lateinisch. 7 St. Wiederholung des Pensums von Quinta. Erweiterung desselben durch die Regeln über die Uebereinstimmung der Satztheile und über den Nom., Acc. und Dativ aus der Casuslehre nach Schultz' Gramm. §. 189—209 und Einübung derselben durch Uebersetzungen aus Spieß III. — Gelesen wurde aus Cornelius Nepos: De regibus, Aristides, Hamilcar, und sowohl passende Abschnitte aus demselben als auch Uebungssätze memorirt. — Alle 14 Tage ein Extemporale und mehrere Exercitien.

Französisch. 5 St. Einübung des regelmäßigen Verbums und der Ableitung der Formen desselben nebst einigen wichtigen grammatischen Regeln nach Plötz' französischer Elementargrammatik Lect. 61—90. Lectüre ebendaselbst. Extemporalien und Exercitien wie im Lateinischen. Auswendiglernen von kleineren Gedichten und Erzählungen.

Geschichte. 2 St. Die Geschichte der orientalischen Völker und der Griechen.

Geographie. 2 St. Specielle Geographie von Asien und Australien. Voigt III. §. 37, 38 45—52 IV. §. 116—121.

Naturbeschreibung. 2 St. Der Unterricht in Botanik und Zoologie behielt den propädeutischen Charakter bei. Die Zahl der in V. behandelten wichtigen Thier- und Pflanzenformen wurde erweitert.

Mathematik. 3 St. Die Elemente der Planimetrie bis zu den Congruenzsätzen. Schumann, Planimetrie §. 1—61.

Rechnen. 3 St. Repetition der Vorklassen. Die Regelbetri und der Kettensatz. Häseler, §. 52—53. Uebungen im Kopfrechnen.

Schreiben. 1 St. Im S. die deutsche, im W. die lateinische Schrift geübt.

Zeichnen. 2 St. Arabesken, Ornamente, Anfänge im Schattiren.

Ober-Quarta.

Religion. 2 St. S. Leben und Lehre Jesu nach Zahn. Erlernen des dritten Hauptstücks mit Erklärung und des Kirchenliedes: In allen meinen Thaten. — W. Erklärung des ersten Hauptstücks. Erlernen der Kirchenlieder: Nun danket alle Gott, Aus tiefer Noth. Außerdem wurden das erste und zweite Hauptstück, sowie die in Quinta und Sexta gelernten Kirchenlieder wiederholt und verschiedene Bibelstellen gelernt.

Deutsch. 3 St. Der Substantiv-, Adjectiv- und Adverbialsatz. Erklärung deutscher Gedichte und Prosastücke aus dem Lesebuche von Hopf und Paulsiek. Auswendiglernen leichter Poesie und Prosa. Orthographische Uebungen und Aufsätze.

Lateinisch. 7 St. Repetition des Pensums von Unter-Quarta und der unregelmäßigen Verba. Die Lehre vom Genitiv, Dativ und Ablativ nach der Gramm. von Ferd. Schultz. Mündliche und schriftliche Uebersetzungsübungen nach Spieß III. Kap. 88, 89, 90. Wöchentlich ein Exercitium oder Extemporale zur Correctur.

Im Cornelius Nepos wurden gelesen Miltiades und Themistokles.

Französisch. 5 St. Das regelmäßige Verbum, das Wesentlichste aus der unregelmäßigen Formenlehre und die wichtigsten grammatischen Regeln nach Plötz franz. Elementar-Grammatik, Lection 61—105. Lectüre ebendaselbst. Extemporalien und Exercitien wie im Lateinischen. Auswendiglernen von kleineren Gedichten und Erzählungen.

Geschichte. 2 St. Geschichte der Römer.

Geographie. 2 St. Specielle Geographie von Afrika und Amerika. Voigt III. Cursus. §. 39—44. 53—61, IV. Cursus §. 111—115.

Naturbeschreibung. 2 St. Im S. Botanik. Besprechung einer Anzahl von Pflanzen, besonders der Culturgewächse — Im W. Zoologie, Besprechung einer Reihe von Thieren als Repräsentanten der verschiedenen Klassen.

Mathematik. 3 St. Repetition des früheren Pensums. Eigenschaften der Dreiecke und Parallelogramme. Lösung der Fundamentalaufgaben. Schumann §. 62—85.

Rechnen. 3 St. Repetition der früheren Pensa, besonders der Bruchrechnung durch Uebungen im Kopfrechnen. Durchnahme der Regelbetri, des Kettensatzes und der Regelbetri mit directen und indirecten Verhältnissen.

Schreiben. 1 St. Im S. ist die deutsche, im W. die lateinische Schrift geübt.

Zeichnen. 2 St. Arabesken, Ornamente, Anfänge im Schattiren.

Unter-Tertia.

Religion. 2 St. S. Erklärung des dritten Hauptstückes des Katechismus Luthers. Erlernung des vierten und fünften Hauptstückes, Wiederholung des ersten und zweiten Hauptstückes. — W. Das Evangelium Matthäi mit besonderer Berücksichtigung der Bergpredigt und der Gleichnisse. Wiederholung des ersten, zweiten, dritten und Erlernung des vierten und fünften Hauptstückes. Kirchenlied: Nr. 21. Wie soll ich dich empfangen.

Deutsch. 3 St. Grammatische Uebungen mündlich und schriftlich. Das Hauptsächlichste aus der Metrik bei Durchnahme von Gedichten. Lesen auserwählter Prosastücke, möglichst im

Anschluß an das gleichzeitige Geschichts-Pensum, Hopf und Paulsiek Theil II, 1. Erklärung von Gedichten, meist Balladen von Schiller und Uhland. Uebungen im Deklamiren erklärter Gedichte und Erzählungen. Alle 3 Wochen einen Aufsatz, gewöhnlich eine Erzählung oder Beschreibung nach einem Musterbeispiele des Lesebuches. Dispositions-Uebungen.

Lateinisch. 5 St. Einübung der wichtigsten syntaktischen Regeln und der Casuslehre nach Schultz §. 189—235 mit Hülfe der Beispielsammlung von Spieß (Cursus III. §. 407 bis 547.) Extemporalien und Exercitien. Memoriren von Mustersätzen und kleineren Abschnitten aus der Lectüre. Im Cornelius Nepos wurden gelesen: Eumenes, Hannibal, Atticus Chabrias, Timotheus, Iphicrates, Conon.

Französisch. 4 St. Die unregelmäßigen Verba nach Plötz Cursus II. Lection XI—XXIII, Exercitien und Extemporalien. Memoriren von Mustersätzen und kleineren Abschnitten aus der Lectüre Cours de Mythologie: Thésée, les Argonautes, la guerre de Troie, Oedipe.

Englisch. 4 St. Elementargrammatik nach Gesenius Lehrbuch der englischen Sprache, 1 Theil. Die englischen Erzählungen von Cap. I-XV wurden auswendig gelernt, die dazu gehörigen Regeln durchgenommen, und die deutschen Uebungsstücke theils mündlich, theils schriftlich übersetzt (1. Reihe im Winter, 2. Reihe im Sommer.) Auch die wichtigsten Regeln von Cap. XVI-XXIV wurden durchgenommen. Einige Gedichte wurden auswendig gelernt, Exercitien und Extemporalien geschrieben.

Geschichte. 2 St. Deutsche Geschichte bis zur Reformation. (Dielitz §. 46—90.)

Geographie. 2 St. Geographie von Europa, außer Deutschland. S. physische, W. politische.

Naturbeschreibung. 2 St. S. Botanik. Zusammenfassende Gruppirung des auf den unteren Stufen zur Kenntniß gebrachten Materials. Das Linné'sche System. — W. Zoologie: Säugethiere und Vögel.

Mathematik. 4 St. Im Sommer: Die Lehre vom Kreise und von der Gleichflächigkeit der Figuren. Schumann §. 86—134. Anleitung zur Lösung von einfachen Aufgaben mit Hülfe der geometrischen Oerter. Im Winter: Die vier Grundrechnungsarten mit unbenannten Zahlen. Schumann, Arithmetik und Algebra §. 1—47. Daneben: Repetition des Pensums vom Sommerhalbjahr.

Rechnen. 2 St. Repetition der vorherigen Pensa, besonders durch Lösung von Kopfrechnen-Aufgaben, neu: die Zins- und Gesellschaftsrechnung.

Zeichnen. 2 St. Umrisse noch vorherrschend, Uebungen im Schattiren. Versuch mit verschiedenen Kreiden und mit der Estompe.

Ober-Tertia.

Religion. 2 St. S. Erklärung des zweiten, Wiederholung des ersten, dritten, vierten und fünften Hauptstückes und der bereits gelernten Kirchenlieder. — W. Durchnahme der Apostelgeschichte und der Reformationsgeschichte. Wiederholung der Hauptstücke und der bereits gelernten Kirchenlieder.

Deutsch. 3 St. Erklärung schwieriger Balladen und Romanzen von Schiller, Göthe, Uhland, Bürger. Memoriren und Declamiren derselben. Lesen ausgewählter Prosastücke aus Hopf und Paulsiek (Theil II. 1.), möglichst im Anschluß an das gleichzeitige Geschichtspensum.

Dispositionsübungen aus dem Gebiete der Beschreibung, Schilderung, des Vergleichs und der leichteren Abhandlung. Aufsätze. (Umwandlungen resp. Bearbeitung größerer Gedichte, leichtere Abhandlungen, ausführliche Dispositionen, Briefe, Uebersetzungen.)

Lateinisch. 5 St. Durchnahme und Einübung der Tempus- und Moduslehre nach Schultz §. 239—291. Repetition aus allen Gebieten, namentlich unregelmäßige Verben und Casuslehre. Extemporalien und Exercitien. Caesar de bello Gallico: Buch IV. und V. Auswendiglernen von Mustersätzen und kleineren Abschnitten.

Französisch. 4 St. Reflexive und unpersönliche Verben, Substantiv, Adjectiv, Zahlwort und Pronomina nach Plötz Lect. 24.—36. und Lect. 70.—75. Extemporalien und Exercitien; Memoriren von Mustersätzen und kleineren Abschnitten aus der Lectüre. Charles XII. Buch II. III. und IV. zum Theil, theils cursorisch, theils statarisch.

Englisch. 4 St. Elementargrammatik nach Gesenius' Lehrbuch der englischen Sprache I. Theil. Die englischen Lesestücke Cap. XV—XXII. wurden gelernt; die dazu gehörigen Uebungen übersetzt. Extemporalien und Exercitien. Lectüre: S. Lesestücke aus der Grammatik von Gesenius; W. Tales of a Grandfather XIII bis XIX.

Geschichte. 2 St. Brandenburgisch-preußische Geschichte von Anfang an und die neuere deutsche Geschichte von der Reformation bis auf die neue Zeit. Dielitz §. 91 ff.

Geographie. 2 St. Specielle Geographie von Deutschland nebst Gesammtösterreich.

Naturbeschreibung. 2 St. S. Die Grundzüge des natürlichen Systems. Erweiterung der Pflanzenkenntniß. W. Zoologie: Reptilien, Fische, Insekten.

Mathematik. 5 St. Geometrie: Verhältnisse und Proportionen. Aehnlichkeitslehre (Schumann Geometrie §. 135—166.) — Arithmetik: Die Grundrechnungsarten an Aggregaten, Quadratausziehen aus bestimmten Zahlen. Schriftliche häusliche Uebungen. Schumann Arithmetik §§. 48—51.

Rechnen. 1. St. Repetition des Pensums der Vorklassen, Durchnahme der Durchschnitts- und Mischungsrechnung.

Zeichnen. Wie Unter-Tertia.

Unter-Secunda.

Religion. Geschichte des Reiches Gottes im A. T. im Anschluß an die biblischen Quellen. Erklärung auserlesener Abschnitte, besonders aus den Psalmen und den großen Propheten. Memoriren geeigneter Stellen. Wiederholung des Katechismus, der Kirchenlieder und biblischer Sprüche.

Deutsch. 3 St. Klassenlectüre. S. Schiller's Wilhelm Tell. W. Schiller's Jungfrau von Orleans. — Häusliche Lectüre. S. Einige Aufsätze aus Engel, Philos. für die Welt. — Homer's Odyssee von Voß, erste Hälfte. W. Odyssee, zweite Hälfte. — Dispositionsübungen. — Aufsätze. Themata: S. Ursachen der Liebe zur Heimat. (Klassenaufsatz.) — Gedankengang im Traum Galileis. — Uebersetzung von Caesar bellum civile, III. cp. 6—8. — Vergleichung der That Tell's mit der des Parricida. — Die Phäaken bei Homer (Probeaufsatz. — W. Welche Hülfe gewährt das Feuer dem Menschen bei seiner Arbeit? (Klassen aufsatz.) — Gedankengang in Schiller's „Lied von der Glocke." — Uebersetzung aus Caes. bell. civ. III. cp. 59—61. — Inhalt und Zweck des ersten Aufzugs der „Jungfrau von Orleans." — Sag' mir, mit wem du umgehst, und ich will dir sagen, wer du bist. — Wer allzuviel bedenkt, wird wenig leisten. — Wie hat Schiller das Auftreten der Jungfrau von Orleans auf dem Kriegsschauplatze motivirt? Der Mensch im Kampfe mit der Natur. Schillers Siegesfest. Probeaufsatz.

Lateinisch. 4 St. Weitere Ausführung der Casuslehre nach Schultz's Grammatik §. 192 bis 235. Repetitionen früherer Pensen. Exercitien und Extemporalien. Lectüre: Caesar Bell. Civ. II. u. III.

Französisch. 4 St. Grammatik. Die Tempus- und Moduslehre. Particip. Artikel. Adverb. Adjectiv. Comparation. Rection der Verben nach Plötz II. Lect. 46.—57., 58.—69., 76. 77. Wöchentlich Extemporalien oder Exercitien. Lectüre: Chateaubriand Le dernier des Abencerages. Xavier de Maistre Les Prisonniers du Caucase. Ausgewählte Gedichte aus der Anthologie von Holzapfel. Im mündlichen Gebrauch der Sprache wird ein Anfang gemacht.

Englisch. 3 St. Aus Gesenius englischer Grammatik (Theil II. § 1—139) die Abschnitte über das Hauptwort, Adjectiv, Fürwort, Rectionslehre, Wortstellung, Adverbium. Lectüre: Wash. Jrving The life of Columbus. — Exercitien aus Gesenius, Extemporalien.

Geschichte. 2 St. Orientalische, griechische und römische Geschichte. — Wiederholungen aus den Pensen der vorhergehenden Klassen.

Geographie. 1 St. Die physische und politische Geographie der außereuropäischen Erdtheile.

Physik. 3 St. S. Einleitung in die Physik. Ausgewählte Abschnitte aus der Mechanik fester Körper. W. Calorik.

Chemie. 1 St. Einleitung und Behandlung der ersten chemischen Grundstoffe.

Naturbeschreibung. 2 St. S. Zoologie: Die wichtigsten Formen der 7 letzten Klassen des Thierreichs. W. Mineralogie: Brennbare Mineralien und Erze.

Mathematik. 5 St. S. Repetition und Erweiterung der Aehnlichkeitslehre. Abschluß der Planimetrie. Anwendung der Algebra auf die Geometrie. Gleichungen ersten und zweiten Grades. — W. Die Lehre von den Potenzen und Wurzeln. Gleichungen ersten und zweiten Grades. Repetition der Planimetrie.

Rechnen. 1 St. Für diejenigen Schüler, welche die in den früheren Klassen gewonnene Fertigkeit im praktischen Rechnen erweitern resp. sich erhalten wollen, ist eine besondere Stunde eingerichtet, in welcher Uebungen in allen den vorhergehenden Klassen zugetheilten Pensen mit Berücksichtigung des neuen Maßes und Gewichts angestellt werden.

Zeichnen. 2 St. Vorzugsweise menschliche Figuren und Köpfe nach antiken und modernen Mustern.

Ober-Secunda.

Religion. 2 St. Leben Jesu und Uebersicht über die Zeit der Apostel.

Deutsch. 3 St. S. Lection einiger Schiller'scher Gedichte, von Lessings Minna v. Barnhelm (zum Theil privatim), Gudrun nach Simrocks Uebersetzung privatim. — W. Don Carlos, einiges aus den Briefen Don Carlos, Ilias (12 Gesänge) nach der Uebers. v. Voß, privatim. Aufsätze: Dum spiro, spero. — Ist es gut, daß dem Menschen die Zukunft verborgen ist? (Clausur). — Die Exposition in Lessing's Minna von Barnhelm. — Was beabsichtigte

Lessing mit der Figur des Riccaut de la Marlinière? — Ueber den Nutzen der Eisenbahnen (Clausur). — Die Umgestaltung der alten Welt durch die Germanen. — Ferro noncentius aurum (Clausur). — Jeder ist seines Glückes Schmied. — Verdirb es mit Niemand. — Gang der Handlung in Don Carlos. — Eine noch zu bestimmende Clausur. — Außer diesen wurden noch einige Arbeiten theils ausgeführt, theils Dispositionen blos im Concept angefertigt.

Lateinisch. 4 St. Repetition der Tempus- und Moduslehre, so wie einzelner Abschnitte der Formenlehre — Lectüre: Sueton's Vita Caesaris (Ausg. v. August. Libam). Sallust, De conjuratione Catilinae (Ausg. v. August. Libam. 1—44). Cicero's Catilin. Reden I. II. Ovid. Metam. ausgewählte Abschnitte (Ausg. v. Siebelis).

Französisch. 4 St. Wiederholung und Befestigung früherer Pensen, namentlich des Pensums von Unter-Secunda. Exercitien und Extemporalien. Uebersetzungen aus Plötz: „Uebersetzungen zur Erlernung der französischen Syntax." Der freie mündliche und schriftliche Gebrauch der Sprache wird zunächst im Anschluß an die Privatlectüre durch Auszüge aus derselben geübt. Lectüre: Montesquieu, causes de la grandeur des Rom. Racine, Athalie. Ausgewählte Gedichte aus Holzapfels Anthologie. Privatlectüre: S. Michaud, première croisade. W. Souvestre, au coin du feu.

Englisch. 3 St. Grammatik Gesenius II, §§. 167—276. Verb, Adverb, Conjunctionen. Exercitien aus Gesenius. Extemporalien. Auszüge aus der Privat-Lectüre. Lectüre: Macaulay's Lord Clive (Ausg. von Osc. Jäger). Privatim. W. Scott Tales of a Grandfather. In den Lectürestunden ist nur die englische Sprache gebräuchlich.

Geschichte. 2 St. Geschichte des Mittelalters. Repetition der alten Geschichte.

Geographie. 1 St. Europa, mit besonderer Berücksichtigung der vornehmsten Culturstaaten.

Physik. 3 St. Magnetismus und Electricität. Leichtere Aufgaben.

Chemie. 1 St. Eigenschaften und wichtige Verbindungen der chemischen Grundstoffe.

Naturbeschreibung. 2 St. S. Botanik: Die Familien des natürlichen Systems; die Grundzüge der Pflanzengeographie. W. Mineralogie: Steine und Salze.

Mathematik. 5 St. S. Logarithmen. Ebene Trigonometrie. Arithmetische und geometrische Reihen. Zinseszins- und Rentenrechnung. W. Stereometrie und Repetition früherer Pensen.

Rechnen. Wie in Unter-Secunda.

Zeichnen. 2 St. Vorzugsweise menschliche Figuren und Köpfe nach antiken und modernen Mustern.

Prima.

Religion. 2 St. Kirchengeschichte, besonders der 3 ersten Jahrhunderte und der Reformationszeit; Glaubenslehre.

Deutsch. 3 St. Lectüre (in der Klasse) der Göthe'schen Iphigenie, des Torqu. Tasso und von Abschnitten aus Lessing's Laokoon; daneben Privatlectüre: Euripides Iphigenie auf Tauris in der Uebersetzung, Richard III. von Shakespeare, Göthe's Götz von Berlichingen. Literaturgeschichte von Lessing bis Göthe's Tod. Aufsätze über folgende Themata: Ueber den Religionshaß. — Vergleich des peloponnesischen und dreißigjährigen Krieges. — Ein unnütz Leben ist ein früher Tod. (Clausur). — Worin weicht der Schluß der Göthe'schen Iphigenie von dem der Euripidischen ab? — Oder: Charakter der Iphigenie bei Euripides und bei Göthe. — Orestes und Pylades in ihrem Gegensatze bei ihrer Freundschaft. (Clausur). — Das Christenthum des Gudrundichters (für die 2. Abth.) — Und was man ist, das blieb man andern schuldig (für die 1. Abth.) — Worin liegt der Grund der Spannung zwischen Antonio und Tasso in Göthe's Torqu. Tasso (Clausur)? — Der Conflict in Göthe's Götz von Berlichingen. — Welches sind die Quellen von Tasso's Unglück?

Lateinisch. 3 St. Livius VIII. und ein Theil des IX. Buchs. Virgils Aen. IV. V. und ein Theil des VI. Buchs. Einige Oden des Horaz. Wiederholungen aus allen Gebieten der Grammatik.

Französisch. 4 St. Repetition und Erweiterung der Grammatik, sowohl systematisch nach Plötz, als besonders im Anschluß an die schriftlichen Uebungen. Schiller's dreißigjähriger Krieg wurde zu mündlichen wie schriftlichen Uebersetzungen benutzt. In diesem wie in den Extemporalien (meist historischen, auch literaturgeschichtlichen Inhalts) wurde neben der Grammatik besonders die Phraseologie und Synonymik berücksichtigt. Jedes Vierteljahr werden zwei freie Aufsätze gemacht, die zuweilen durch eine Uebersetzung aus einem deutschen Autor ersetzt werden. Unterrichtssprache ist fast durchgängig französisch. Lectüre: Ober-Prima. S. Molière, Misanthrope, Avare Acte I. — W. Corneille, Horace; Molière. Avare. — Privatlectüre: Capefigue, Charlemagne, Racine, Jphigénie. Unter-Prima. S. mit Ober I. vereinigt. W. Corneille, le Cid, Cinna. — Privatlectüre: Capefigue, Charlemagne, Nouvelles pittoresques. — Aufsatzthemata: 1) La vie de Cromwell. — La mort de Wallenstein — 2) Expédition de Charlemagne en Espagne et la défaite de Roncevaux. — 3) La politique allemande du grand électeur. — 4. Uebersetzung aus Schiller. — 5. Ob. I. Le combat des Horaces et des Curiaces. — Unt. I. La pucelle d'Orléans. — 6. Ob. I. La guerre de sept ans. Unt. I. Uebersetzung aus Schiller. — 7) Ob. I. L'origine de la guerre de 1870. Unt. I. Le Cid combattant contre les Maures. — 8) Ob. I. Fréderic I. Barberousse, un des plus grands princes de l'histoire. — Unt. I. Vie de Frédéric le Grand jusqu' à la paix de Dresde.

Englisch. 3 St. Grammatik. Gelegentliche Repetition in englischer Sprache bei der Lectüre und den Exercitien und Extemporalien. Lectüre: S. In der Classe Macaulay's History of E. I. p. 81—147. W. Shakespeare's Merchant of Venice Act I—IV (mit den nöthigen Ausschaltungen). Macaulay's History I. p. 248 ff. Privatim Ober- I. Macaulay's History I. 3. (State of England in 1685). Unter- I. Macaulay's History I. 4 ff. Die Unterrichtssprache ist durchgehend das Englische. Themata zu den Aufsätzen: S. 1) Ober- I. Vasco de Gama (a biographical essay). Unter- I. The ancient minstrel (a scene from Walter Scott). — 2) Ober- I. The reign of Charles I. of England. Unter- I. The reign of Lewis XIV. down to 1697. — 3) Ober- I. u. Unter- I. The War of the Spanish succession. — 4) Abiturientenarbeit: The Northern War. Klasse: England, a Commonwealth. W. 1. Unter- I. Thomas a Becket. Ober- I. a. How is Shylock's character developed in the last scene of Act I. Merchant of Venice). b. What classical allusions may be found in the first Scene of Act. I. c. Describe the course of the action in the first three Scenes of Act I. — 2) Unter I. Exercitien aus Schillers XXXjähr. Kr. Ober- I. a. What causes are there for our Sympathy with Antonio? b. Show at what point the climax of the action is reached! — 3) Unter I. The Merchant and the Jew in the court of justice. Ober- I.

What is the leading character in the Merchant of Venice? — 4) Die Clausur-Arbeit für den Ostertermin. (Exercitien nach Lord Mahon Hist. of E.)

Geschichte und Geographie. 3 St. Neuere Geschichte 1648—1815. — Repetitionen des gesammten Gebietes.

Physik. Dynamik der festen Körper im Sommer, Hydro- und Aëromechanik im Winter. 2 St. Besprechung von Aufgaben und Repetitionen. 1 St. Vierwöchentlich eine schriftliche häusliche Arbeit.

Chemie. 3 St. S. Behandlung der Gruppen des Chlors, Sauerstoffs, Stickstoffs, Siliciums. W. Durchnahme der Gruppen des Kaliums, Calciums, Eisens.

Mathematik. 5 St. S. Der binomische Lehrsatz. Arithmetische Reihen höherer Ordnung mit zahlreichen Anwendungen, unter anderen auf Interpolation. Die Lehre von den complexen Zahlen. Darstellende Geometrie. — W. Kettenbrüche, diophantische Gleichungen, Combinationslehre und Wahrscheinlichkeitsrechnung. Sphärische Trigonometrie.

Zeichnen. 1 St. Der mathematische Theil der Projectionslehre, der Schattenconstruction und Perspective. 2 St. — Fortsetzung des in Secunda begonnenen Naturzeichnens nach Gypsmobellen. Architectonisches Zeichnen und praktische Einübung der Projections- und Schattenconstructionslehre sowie der Perspective.

Gesangunterricht.

Unter- und Ober-Sexta. Erlernen der Noten, Kenntniß der Vorzeichnung, Tonleitergesang und leichtere Treffübungen in den Hauptintervallen der Durtonleiter. Daneben Einübung einstimmiger Lieder und einfach gesetzter Choräle nach dem Lehrbuche.

Unter-Quinta A u. B. Erweiterte Treffübungen, doch immer nur in den Stimmschritten der Durtonleiter, die Vorzeichnung als bestimmend für die Tonart. Einiges über die Verwandtschaft der Tonarten und das Zulässige über mehr elementare Vortragszeichen.

Gesungen sind zweistimmige Lieder und Choräle aus der Gesangschule.

Ober-Quinta. Behandelt im Wesentlichen dasselbe Pensum, schreitet aber in der Wahl von Liedern im schwereren Satze fort.

Unter- und Ober-Quarta. Die Durtonart und die Molltonart in ihrem gegenseitigen Zusammenhange, die Intervalle in ihren verschiedenen Verhältnissen, weitere Einführung in das Gebiet des dreistimmigen Gesangs mehrstimmiger Choräle mit Rücksicht auf Takt, Tempoverhältnisse, Rhythmus. Gesangschule letzter Theil.

Tertia bis Prima. Der vierstimmige gemischte und Männergesang, im Liede, sowohl geistlich wie weltlich; Uebungen im Sologesang. Auf dieser Stufe wird mit den vorgeschrittensten Schülern das Studium classischer Werke von Autoren älterer und neuerer Zeit vorgenommen. Dem in diesem Jahre beendigten „Paulus" (Vergl. unter Zur Chronik der Schule S. 21) ist das Oratorium „Winfried" gefolgt, zu welchem Zwecke wöchentlich 2 Stunden für Uebung verwandt werden.

Turnunterricht.

Der Turnunterricht fand im verflossenen Sommer Sonnabends in den Nachmittags- resp. Abendstunden statt. Im Winter wurden Uebungen zur Ausbildung von Vorturnern in der Turnhalle angestellt.

Besondere Einrichtungen.

1. Aufnahme.

Die Aufnahme findet regelmäßig nur zu Anfang des Semesters, d. h. Ostern und Michaelis, statt. Im Laufe des Semesters wird die Aufnahme nur in besonderen Fällen gewährt.

Die neu aufzunehmenden Schüler haben ein Zeugniß der bisher von ihnen besuchten Anstalt sowie einen Impfschein beizubringen.

Bei der Aufnahme sind als Einschreibegeld 5 Sgr., als Antrittsgeld von Einheimischen 2 Thlr., von Auswärtigen 2 Thlr. 20 Sgr. zu entrichten. Bei Schülern, welche schon eine hiesige städtische Schule besucht haben, wird das von ihnen früher gezahlte Antrittsgeld von den gedachten 2 Thlr. resp. 2 Thlrn. 20 Sgr. in Abzug gebracht.

Da Einschreibegeld sowohl als Antrittsgeld ungeschmälert in öffentliche Kassen fließen, so wird das erste gar nicht erlassen, das Antrittsgeld aber nur den unbedingten Freischülern, nicht den bedingten, d. h. also denjenigen nicht, die nur so lange die Freischule genießen, als zwei ältere Brüder von ihnen unsere Anstalt besuchen.

Der Eintritt in die Sexta erfolgt in der Regel nicht vor dem vollendeten neunten Lebensjahre.*)

Die zur Aufnahme in die Sexta erforderlichen elementaren Kenntnisse und Fertigkeiten sind:

Geläufigkeit im Lesen deutscher und lateinischer Druckschrift; eine leserliche und reinliche Handschrift; Fertigkeit Dictirtes ohne grobe orthographische Fehler nachzuschreiben; Sicherheit in den vier Grundrechnungsarten mit gleichbenannten Zahlen. In der Religion wird einige Bekanntschaft mit der Geschichte des alten und neuen Testaments, sowie (bei evangelischen Schülern) mit Bibelsprüchen und Liederversen erfordert.

2. Schulgeld.

Das Schulgeld beträgt vierteljährlich

a. für die einheimischen Schüler:

in den Klassen Sexta und Quinta	5	Thlr.
in den Klassen Quarta und Tertia	6	„
in den Klassen Secunda u. Prima	7	„

*) Viele Schüler werden in einem für ihre geistige Entwickelung schon zu weit vorgerückten Lebensalter zu uns gebracht und haben dann nicht mehr Zeit, die volle Laufbahn durch die Schule zurückzulegen. Es ist dies besonders bei den vom Lande und den kleinen benachbarten Städten uns zugeführten Schülern der Fall. Der Schule ihres Ortes vielleicht schon zu spät übergeben, bleiben sie in ihren Elementar-Kenntnissen weit zurück und treten bei uns der Mehrzahl nach erst mit dem zwölften Lebensjahre in die sechste, mit dem 13. in die fünfte, mit dem 14. in die vierte Klasse, d. h. zwei bis drei Jahre später, als der Schulplan es eigentlich berechnet. Man bringe uns nur, wozu ich hierdurch dringend auffordre, die Kinder in dem angemessenen Lebensalter, d. h. so daß sie mit dem vollendeten neunten Jahre in die sechste Klasse, mit dem zehnten in die fünfte u. s. f. eintreten können, man halte im Hause auf sorgfältigen Fleiß und hüte vor ungehörigen Zerstreuungen, so werden die Schüler auch die Zeit haben, die ganze Schullaufbahn zurückzulegen und in dem angemessenen Lebensalter das Abiturienten-Examen zu bestehen.

b. für die auswärtigen Schüler:

in den Klassen Sexta und Quinta 8 Thlr.
in den Klassen Quarta und Tertia 9 „
in den Klassen Secunda u. Prima 10 „

Außer dem Schulgelde werden zu Michaelis noch 1 Thlr. Holzgeld und 5 Sgr. für den Kastellan von jedem Schüler erhoben, auch von Freischülern.

3. Zeit der Lehrstunden.

Im Sommer beginnen die Lehrstunden des Morgens um 7 Uhr, im Winter um 8 Uhr. Des Nachmittags beginnen die Lehrstunden im Winter und Sommer um 2 Uhr.

Eine Viertelstunde vor dem Schlage werden die Klassenzimmer geöffnet; vor dieser Zeit kann der Aufenthalt in den Schulräumen den Schülern nicht gestattet werden.

4. Beaufsichtigung auswärtiger Zöglinge.

Wir haben eine große Anzahl Schüler von außerhalb. Da mit unserer Schule ein Pensionat nicht verbunden ist, so müssen die auswärtigen Schüler hier bei Familien in Pension gebracht werden. Leider wird nun bei der Wahl solcher Pensionen nicht immer mit der gehörigen Umsicht verfahren und scheint es fast, als ob manche Familien zum Maßstab ihrer Beurtheilung der zu wählenden Pension nur das durch Concurrenz möglichst herabgedrückte Honorar genommen haben, nicht aber die Befähigung, die Erziehung und die häuslichen Studien ihrer Kinder gehörig zu überwachen. Die Eltern verfehlen durch eine ungeeignete Wahl der Pension zum großen Theil den Zweck, um dessentwillen sie ihre Kinder nach Magdeburg bringen.

Die Behörden haben es auch den Directoren zur Pflicht gemacht, über die häusliche Unterbringung ihrer Schüler zu wachen. Ich verweise in dieser Beziehung auf die betreffenden Verordnungen. (S. besonders die Minist.=Rescr. vom 17. December 1832 und 9. März 1843).

5. Schulversäumnisse.

Die Schule darf von keinem Schüler ohne vorher eingeholte Genehmigung des Klassenordinarius sowie des Directors versäumt werden. Ueber jede eingetretene Schulversäumniß muß von Seiten der Angehörigen eine den Grund angebende Bescheinigung beigebracht werden.

6. Censuren.

Vierteljährlich erhalten die Schüler Censuren, welche mit der Unterschrift der Eltern oder deren Stellvertreter dem Klassenordinarius wieder vorgezeigt werden müssen.

7. Abgang.

Der Abgang von der Schule muß vor dem Schlusse des Vierteljahrs von Seiten der Eltern oder deren Stellvertreter angezeigt werden. — Die Unterlassung der rechtzeitigen Abmeldung verpflichtet zur Bezahlung des Schulgeldes für das nächste Vierteljahr.

Abgangszeugnisse.

Für Abgangszeugnisse, sofern sie unmittelbar beim Abgange des Schülers ausgefertigt werden, müssen 25 Sgr an Gebühren bezahlt werden. — Für später ausgefertigte Abgangszeugnisse aber, für Duplicate früher ausgestellter Zeugnisse, sowie für Abiturientenzeugnisse belaufen sich die Gebühren auf 1 Thlr.

Verordnungen der Behörden.

1) Das Königl. Prov.-Schul-Collegium theilt mit, daß die Einführung des Lehrbuchs der Physik von Gantzer und der Schlömilch'schen Logarithmen von Seiten des Königl. Unterrichts-Ministeriums unter dem 22. April 1873 genehmigt sei.

2) Das Kaiserl. Ober-Postamt hierselbst macht unter dem 24. April 1873 darauf aufmerksam, daß Schülern, die nach Ablegung des Abiturienten-Examens sich der Postcarrière widmen, Aussicht eröffnet wird, als Posteleven nach spätestens einjähriger Dienstzeit fortlaufende Diäten zu erhalten.

3) Der Magistrat bestimmt unter dem 9. Juni, die Schülerzahl solle bis auf 600 abgemindert werden, weshalb die Aufnahme auswärtiger Schüler zunächst nur ausnahmsweise für reifere Schüler gestattet sei.

4) Das Königl. Unterrichts-Ministerium bestimmt unter dem 9. Mai, daß der Comeniusstiftung in Leipzig alle Programme zu schicken seien.

5) Das Königl. Prov.-Schul-Collegium fordert unter dem 18. Juni Themata für die zu Pfingsten 1874 zusammentretende Directoren-Conferenz ein.

6) Das Königl. Unterrichts-Ministerium macht darauf aufmerksam, daß zu Ostern 1874 in Berlin eine Ausstellung aus dem Gebiete des Zeichenunterrichts wird veranstaltet werden.

7) Das Königl. Prov.-Schul-Collegium fordert unter dem 28. Juni ein Gutachten über Graf's Extemporalienschema für Pflanzenbeschreibung.

8) Dasselbe macht unter dem 21. August auf das Gutachten der Medicinalabtheilung des Ministeriums der geistlichen rc. Angelegenheit vom 26. Oktober 1866 aufmerksam, welches auch für die derzeitig herrschende Cholera maßgebende Bestimmungen enthalte. Danach sei die gänzliche oder zeitweise Schließung der Schule noch nicht gewiesen.

9) Dasselbe verlangt unterm 29. August zum 2 September eine Uebersicht der Zahl der in den einzelnen Klassen fehlenden Schüler, zugleich mit Angabe der Gesammtzahl und des Procentsatzes der Fehlenden.

10) Dasselbe verlangt unter dem 29. August Gutachten über Zeichenvorlagen von Bauer und Rein.

11) Dasselbe verlangt unter dem 4. September Bericht über den Gesundheitszustand der Lehrer und Schüler.

12) Dasselbe bewilligte unter dem 11. September, daß in diesem Jahre ausnahmsweise die Michaelisferien um eine Woche verlängert werden.

13) Dasselbe theilt unter dem 27. November die Themata mit, welche auf der zu Pfingsten 1874 zusammentretenden Directoren-Conferenz zur Besprechung kommen sollen.
   1) Ueber den Lehrgang des deutschen Unterrichts auf allen Stufen des Gymnasiums und der Realschule.
   2) Ueber Zweck, Methode und Umfang des naturgeschichtlichen und physikalischen Unterrichts auf den Gymnasien.
   3) Ueber die erziehliche Aufgabe der höheren Schulen, abgesehen vom Unterrichte.
14) Dasselbe bestimmt unter dem 20. Januar 1874, daß von jetzt an 367 Exemplare des Programms einzuschicken sind.
15) Dasselbe übersendet unter dem 30. Januar eine Ministerialverfügung vom 23. Januar 1874, des Inhalts, daß seitens der Central-Commission für die Wiener Weltausstellung die Herausgabe eines amtlichen Ausstellungsberichtes beabsichtigt werde, und daß dieses Werk durch die Vermittelung des Herrn Unterrichtsministers für die Bibliotheken von Realschulen zu dem auf die Hälfte ermäßigten Preise (etwa zu 6 bis 7½ Thlr.) bezogen werden könne.
16) Dasselbe theilt unter dem 21. Januar eine Ministerial-Verfügung mit, nach welcher die Benutzung von Schullokalen zu anderen als Schulzwecken nur nach vorhergehender Genehmigung des Königl. Prov.-Schul-Collegiums eintreten darf. Gleichzeitig wird solche Genehmigung generaliter für bestimmte Fälle im Voraus ertheilt.
17) Der Magistrat weist unter dem 5. Febr. den Dispositionsfonds für Lehrmittel an, Höhe von 405 Thlr. an.
18) Das Königl. Prov.-Schul-Collegium verlangt unter dem 9. Februar ein Gutachten über die Französische Schulgrammatik von Beneke.

Aeltere Verordnungen von allgemeinem Interesse.

1) Schülern ist der Besuch von Kaffeehäusern, Wirthshäusern, Conditoreien, Billards und dergleichen verboten. (Rescript des Unterrichts-Ministeriums vom 20. Mai 1824 und vom 22. Januar 1828.)
2) Schülern ist der Besuch öffentlicher Gerichts-Verhandlungen untersagt. (Verordnung vom 30. April 1851.)
3) Es ist den Schülern verboten, ihre Bücher selbst zu verkaufen. Eltern oder deren Stellvertreter, welche den Verkauf eines Buches wünschen, können denselben persönlich bewirken. (Rescript des Unterrichts-Ministeriums vom 28. März 1841.)
4) In Gymnasien und ähnliche höhere Lehranstalten können nur solche junge Leute aufgenommen werden, welche unter der Aufsicht ihrer Eltern, Vormünder oder anderer zur Erziehung junger Leute geeigneter Personen stehen. Schüler, welche ohne geeignete Aufsicht sind, sollen auf Gymnasien und ähnlichen Lehranstalten nicht geduldet werden. — Bei der Aufnahme junger Leute, deren Eltern oder Vormünder nicht am Orte wohnen, haben die Direc-

toren sich nachweisen zu lassen, auf welche Weise für die Beaufsichtigung derselben gesorgt ist. Halten sie die getroffene nicht für ausreichend, so haben sie dies den Eltern oder Vormündern zu eröffnen, und darauf zu halten, daß eine anderweitige, dem Zweck entsprechende Einrichtung getroffen werde. — Ohne Vorwissen des Directors darf kein Schüler in eine anderweitige Aufsicht gegeben werden. — Der Director ist so berechtigt als verpflichtet, von dem häuslichen Leben auswärtiger Schüler, entweder unmittelbar oder durch Lehrer der Anstalt Kenntniß zu nehmen, und wenn sich hierbei Uebelstände ergeben sollten, auf deren unverzügliche Abstellung zu bringen. — Findet der Director, daß die Aufsicht, unter welche auswärtige Schüler gestellt worden, unzureichend ist, oder daß die Verhältnisse, in welchen sie sich befinden, der Sittlichkeit nachtheilig sind, so ist er berechtigt und verpflichtet, von den Eltern oder Vormündern eine Aenderung dieser Verhältnisse binnen einer nach Umständen zu bestimmenden Frist zu verlangen. Eltern und Vormünder sind verpflichtet, diese Bestimmung zu beachten und die Aufseher ihrer Söhne oder Pflegebefohlenen von selbiger in Kenntniß zu setzen. (Ministerial-Rescript vom 17. Dec. 1842.)

In einem Wirthshause zu wohnen oder seine Kost an der Wirthstafel zu nehmen, ist keinem Schüler verstattet. — Der auswärtige, in Aufsicht und Pflege gegebene Schüler darf während seines Aufenthaltes auf der Schule seinen Aufenthalt oder seine Wohnung nicht wechseln, ohne vorherige Anzeige bei dem Director und ohne ausdrückliche Genehmigung desselben. (Ministerial-Rescript vom 8. März 1843.)

5) Kein Schüler, der schon eine andere Lehranstalt besucht hat, darf ohne ein ausführliches Zeugniß von derselben beizubringen, angenommen werden. (Instruction für die Directoren, cfr. Centralblatt 1860, S. 143.)

6) Examinanden, welche bei der Abiturienten-Prüfung unerlaubter Mittel sich bedient haben, oder ihren Genossen zu einem Betruge behülflich gewesen sind, sollen sofort von der Prüfung ausgeschlossen und bis auf den nächsten Prüfungstermin zurückgewiesen werden. (Ministerial-Rescript vom 25. Februar 1853). — Diejenigen Abiturienten, die sich bei der Prüfung zum zweiten Male Unterschleife erlauben, sollen für immer von dem Abiturienten-Examen in der ganzen Monarchie ausgeschlossen werden. (Ministerial-Rescript vom 29. Mai 1856).

7) Schüler sollen bei Lehrern ihrer Schule Privatunterricht nur mit Genehmigung des Directors nehmen. (Ministerial-Rescript vom 27. April 1854).

8) Die Schüler sollen sich nicht Eiersammlungen zu ihrer Belustigung anlegen. (Verfügung vom 21. März 1856.)

9) Der Lehrer ist befugt, Schulzucht zu üben gegen jeden Schüler der Anstalt (nicht blos gegen diejenigen, die der ihm anvertrauten Klasse angehören) und zwar auch wegen solcher Ungebührlichkeiten, deren ein Schüler außerhalb der Schule gegen ihn sich schuldig macht, (Ausspruch des Gerichtshofes zur Entscheidung der Competenz-Conflikte. — Centralblatt 1859. Seite 20.) — Die Anwendung der Schulzucht ist nicht auf die Stunden des Unterrichts zu beschränken. „Denn gerade außer diesem Orte und dieser Zeit treten die Unarten der Schüler erfahrungsmäßig am häufigsten hervor, und die Lehrer haben nachher nicht blos das Recht, sondern auch die Pflicht, wenn sie die Schüler, zumal an öffentlichen Orten, bei

Verübung solcher Unarten betreffen, mit angemessener Strenge dagegen einzuschreiten." (Ausspruch des Gerichtshofes zur Entscheidung der Competenz-Conflicte vom 12. Oktober 1861, Vergl. Centralblatt 1861, Seite 717 ff.)

10) Diejenigen Schüler aus Sexta, Quinta und Quarta, welche nach zweijährigem Aufenthalte in ihrer Klasse nicht versetzt werden können, haben die Anstalt zu verlassen, wenn ein längerer Aufenthalt für sie nach dem Urtheil der Lehrer nutzlos sein würde. Den Angehörigen wird ein Vierteljahr zuvor eine desfallsige Nachricht zugehen. (Ministerial-Rescript vom 4. März 1862).

11) Auszug aus dem Regulativ für die Organisation des Königl. Gewerbe-Instituts (Gewerbe-Akademie) zu Berlin vom 3. September 1860. „Die Bedingungen der Aufnahme sind: a) der Bewerber muß wenigstens 17 und darf höchstens 27 Jahr alt sein; b) er hat nachzuweisen, daß er entweder bei einer zu Entlassungs-Prüfungen berechtigten Provinzial-Gewerbeschule, oder einer Realschule, oder einem Gymnasium das Zeugniß der Reife erlangt hat."

12) Ein Rescript des Königl. Unterrichts-Ministeriums vom 13. December 1867 mißbilligt es als ein für Schüler unziemliches Heraustreten in die Oeffentlichkeit, daß Schüler im Namen der Klasse einen Ausdruck der Theilnahme bei Todesfällen und anderen Ereignissen in den Zeitungen veröffentlichen.

13) Auszug aus dem Ministerial-Rescript vom 7. Februar 1864, betreffend die Ausbildung und Prüfung für den Königl. Forstverwaltungsdienst.

§. 3. „Die Zulassung zu der Laufbahn für den Königl. Forstverwaltungsdienst kann nur demjenigen gestattet werden, welcher 1) das Zeugniß der Reife als Abiturient von einem Preußischen Gymnasium oder von einer Preußischen Realschule erster Ordnung erlangt und in diesen Zeugnissen eine unbedingt genügende Censur in der Mathematik erhalten; — 2) das 23. Lebensjahr noch nicht überschritten hat; — 3) eine namentlich in Beziehung auf das Seh- und Hörvermögen fehlerfreie, kräftige, für die Beschwerden des Forstdienstes angemessene Körperbeschaffenheit besitzt; — 4) über tadellose, sittliche Führung sich ausweist; — 5) den Nachweis der zur forstlichen Ausbildung erforderlichen Subsistenzmittel führt."

Nach einer Verordnung des Finanzministers vom 6. April 1871 wird die Ablegung der Feldmesserprüfung von allen Candidaten des Forstdienstes und zwar vor Beginn des nach dem Tentamen zu absolvirenden Bienniums praktischer forstlicher Ausbildung gefordert.

14) Auszug aus der Militair-Ersatz-Instruction vom 26. März 1868:

§. 151. Termin für die Nachsuchung der Berechtigung zum einjährigen Dienst. Die Berechtigung zum einjährig-freiwilligen Dienst darf nicht vor vollendetem 17. Lebensjahr, und muß bei Verlust des Anrechts spätestens bis zum 1. Februar des Kalenderjahres nachgesucht werden, in welchem das 20. Lebensjahr vollendet wird.

§. 152. Nachsuchung der Berechtigung zum einjährigen Dienst. Wer die Berechtigung zum einjährigen Dienst nachsuchen will, hat sich schriftlich bei der Prüfungs-Commission zu melden. Der Meldung sind beizufügen a) ein Geburts-Zeugniß (Taufschein);

b) ein Einwilligungs-Attest des Vaters, beziehungsweise Vormundes; c) ein Unbescholtenheits-Zeugniß, welches für Zöglinge von höheren Schulen von dem Director auszustellen ist

§. 153. Darlegung der wissenschaftlichen Qualification im Allgemeinen. Der Nachweis der wissenschaftlichen Qualification kann durch Vorlegung von Schulzeugnissen oder durch Ablegung einer besonderen Prüfung geführt werden und ist es in beiden Fällen bei Verlust des Anrechts auf die Zulassung zum einjährigen Dienst vor dem 1. April desjenigen Kalenderjahres zu erbringen, in welchem der Betreffende das 20. Lebensjahr vollendet.

§. 154. Darlegung der wissenschaftlichen Qualification durch Schul- 2c. Zeugnisse. Wer seine wissenschaftliche Qualification durch Schul- 2c. Zeugnisse nachweist, ist von der persönlichen Gestellung vor die Prüfungs-Commission entbunden. Den Nachweis der wissenschaftlichen Qualification durch Atteste können führen: Die Schüler der als vollberechtigt anerkannten Norddeutschen Gymnasien und Realschulen erster Ordnung aus den beiden obersten Klassen, gleichviel, ob diese Klassen in sich getrennte Abtheilungen haben oder nicht, die Secundaner jedoch nur, wenn sie mindestens ein Jahr der Klasse angehört, an allen Unterrichtsgegenständen Theil genommen, sich das Pensum der Unter-Secunda gut angeeignet und sich gut betragen haben. Die Zeugnisse hierüber müssen von der Lehrer-Conferenz festgestellt sein.

§. 155. Darlegung der wissenschaftlichen Qualification durch Examen. 1. Alle die Vergünstigung des einjährig-freiwilligen Dienstes nachsuchenden jungen Leute, welche ihre wissenschaftliche Qualification nicht durch Schul-Atteste (§. 154) nachweisen, müssen mit Ausnahme der nachstehend ad 4 bezeichneten geprüft werden, zu welchem Zwecke sie sich persönlich in den Prüfungsterminen auf Vorladung der Commission einzufinden haben.

2. (Nach einer vom Bundeskanzler und dem Kriegsminister erlassenen Declaration vom 16. Januar 1869 hat Nr. 2 folgende Fassung erhalten): Der Zweck der Prüfung geht dahin, zu ermitteln, ob der zu Prüfende denjenigen Grad der wissenschaftlichen Bildung erlangt hat, welcher nach Maßgabe des §. 154 durch Vorlegung von Schul- 2c. Zeugnissen nachzuweisen ist. Die hinreichende Fertigkeit im Gebrauche der deutschen Sprache ist durch schriftliche Clausurarbeiten nachzuweisen.

3. Hinsichtlich solcher jungen Leute, welche sich in einer speciellen Richtung der Wissenschaft oder Kunst, oder in einer anderen, dem Gemeinwesen zu Gute kommenden Thätigkeit besonders auszeichnen und sich hierüber durch glaubhafte Zeugnisse auszuweisen vermögen, kann ausnahmsweise bei sonst hinreichender allgemeiner Bildung von dem strengen Nachweise des ad 2 erforderten Maßes der Schulkenntnisse abgesehen werden. Die Prüfungs-Commissionen haben jedoch in solchen Fällen den Berechtigungsschein erst nach vorgängiger Genehmigung der Ersatzbehörden dritter Instanz zu ertheilen, welchen vorher über das Resultat der stattgehabten Prüfung unter Vorlegung der beigebrachten Zeugnisse und der bei der Prüfung gefertigten schriftlichen Clausurarbeiten gutachtlicher Bericht zu erstatten ist.

4. Kunstgerechten und mechanischen Arbeitern, welche für ihre Fertigkeiten besonders

ausgebildet sind, kann, wenn es die besondere Berücksichtigung örtlicher Gewerbsverhältnisse erheischt, oder wenn es ohne erheblichen Nachtheil für die zweckmäßige Erhaltung einer größeren Fabrikanstalt nicht möglich ist, die Stelle solcher Arbeiter durch andere zu ersetzen, im Interesse der örtlichen Gewerbsverhältnisse bez. der betreffenden Fabrikanstalt, die Berechtigung zum einjährig-freiwilligen Dienste ertheilt werden, ohne daß es des Nachweises einer weiteren, als der Elementarschulbildung bedarf.

Dieselbe Vergünstigung kann den zu Kunstleistungen angestellten Mitgliedern landesherrlicher Bühnen in den geeigneten Fällen gewährt werden.

Es ist jedoch hierzu in jedem einzelnen Falle die Genehmigung der Ersatzbehörden dritter Instanz erforderlich, welchen die Nachweise von der Prüfungs-Commission vorzulegen sind.

In den Berechtigungs-Scheinen ist die Vergünstigung ausdrücklich von der Bedingung abhängig zu machen, daß das betreffende Individuum bis zum wirklichen Dienstantritt oder bis zu definitiv erlangter Befreiung vom Militairdienst in dem Verhältnisse verbleibt, wegen dessen die Zulassung zum einjährigen Dienst erfolgt.

5. Wer in der Prüfung nicht bestanden hat, darf zu einer nochmaligen Prüfung jedoch nur in dem Falle zugelassen werden, wenn er dieselbe noch vor dem 1. April des Jahres ablegen kann, in welchem er in das militairpflichtige Alter eingetreten ist.

15) Nach einer Ministerial-Verordnung vom 28. Oct. 1871 ist die Zulassung zur Portépée-fähnrichs-Prüfung von der Beibringung eines von einem Gymnasium oder einer Realschule I. Ordnung ausgestellten Zeugnisses der Reife für Prima abhängig. „Diejenigen jungen Leute, welche, ohne Schüler eines Gymnasiums oder einer Realschule I. Ordnung zu sein, ein solches Zeugniß erwerben wollen, haben sich an das Königl. Schulcollegium der Provinz zu wenden, wo sie sich aufhalten, und dabei die Zeugnisse, welche sie etwa schon besitzen, sowie die erforderliche Auskunft über ihre persönlichen Verhältnisse einzureichen. Sie werden von demselben einem Gymnasium oder einer Realschule I. O. der Provinz zur Prüfung überwiesen.

16) Zur Aufnahme in die polytechnischen Schulen zu Hannover und zu Aachen gehört für diejenigen, welche die Staatsprüfung zum Bauführer abzulegen beabsichtigen, die Beibringung eines Zeugnisses über die bestandene Abiturientenprüfung auf einem Gymnasium oder Realschule erster Ordnung.

17) Die Dispensation vom Religionsunterricht ist zulässig, sofern dafür ein genügender Ersatz nachgewiesen wird. Desfallsige Anträge sind an das Königl. Prov.-Schul-Collegium zu richten. — Während der Zeit ihres kirchlichen Catuchemen- oder Confirmanden-Unterrichts sind die Schüler höherer Lehranstalten nicht genöthigt, an dem daneben bestehenden Religionsunterricht derselben Theil zu nehmen. (Minist.-Verf. v. 29. Febr. 1872.)

18) Den Schülern höherer Schulen ist die Theilnahme an religiösen Vereinen bei Androhung event. Entfernung von der Anstalt verboten. (Minist.-Verf. v. 4. Juli 1872.)

19) Wenn drei Brüder dieselbe Schule besuchen, so tritt für den dritten die Befreiung vom Schulgeld nicht schon an und für sich ein, sondern dieselbe muß in jedem einzelnen Falle erst bei dem Magistrate nachgesucht werden. (Mag.-Verf. vom 21. Nov. 1872.)

20) Ferienordnung.

a. Die Sommerferien beginnen an demjenigen Montage, welcher dem 8. Juli am nächsten liegt (resp. am 8. selbst) und dauern vier Wochen.

b. Die Herbstferien beginnen genau acht Wochen nach dem Schluß der Sommerferien und dauern zwei Wochen.

c. Die Weihnachtsferien beginnen am 23. Decemb., so daß am 22. Decemb. (und event. am 21., wenn der 22. auf einen Sonntag fällt) die Schule geschlossen wird. Der Unterricht beginnt wieder am 7. resp. 6. Januar.

d. Die Osterferien dauern zwei Wochen. Fällt Ostern in der Zeit vom 1. bis 10. April (incl.), so wird die Schule am Sonnabend vor Palmarum geschlossen und beginnt am Montage nach Quasimodogeniti früh. Wenn Ostern vor dem 1. April fällt, so wird die Schule am Mittwoch nach Palmarum geschlossen und beginnt am Donnerstag nach Quasimodogeniti früh. Wenn Ostern nach dem 10. April fällt, so wird die Schule am Mittwoch vor Palmarum Mittags geschlossen und beginnt am Donnerstage nach dem Osterfeste früh.

e. Die Pfingstferien beginnen am Sonnabend vor dem Feste und dauern fünf Tage, so daß die Schule am Freitag vor dem Feste geschlossen und am Donnerstage nach demselben wieder eröffnet wird (Verf. des Prov.-Schul-Collegiums vom 14. Febr. 1873.)

Berechtigungen der Schule.

1. Maturitätszeugniß. — Die mit dem Zeugnisse der Reife abgehenden Abiturienten erhalten das Recht zum Besuche

a) der Universität für die philosophische Facultät,

b) der Bau-Akademie,

c) der Berg-Akademie,

d) der Forst-Akademie,

e) der Gewerbe-Akademie.

Sie sind ferner befugt zum Eintritt

f) in den Postdienst als Post-Eleven,

g) in das reitende Feldjäger-Corps.

h) Beim Portépéefähnrichs-Examen

wird ihnen der wissenschaftliche Theil der Prüfung erlassen.

2. Zeugniß aus Prima. — Die Schüler der Realschule, welche ein Jahr lang die Prima mit gutem Erfolge besucht haben, werden zugelassen

a) zum Besuche der polytechnischen Schule in Aachen (s. jedoch oben, Aeltere Verordnungen Nr. 16 S. 19).

b) zum Supernumerariat bei der Verwaltung der indirecten Steuern,

c) als Applicanten für den Militair-Intendantur-Dienst, so wie
d) für den Secretariatsdienst bei den Marinestations-Intendanturen.

3. Zeugniß für Prima. — Ein Zeugniß der Reife für Prima befähigt sie
a) zum Civil-Supernumerariat bei den Provinzial-Civil-Verwaltungsbehörden,
b) zur Annahme als Civil-Aspiranten bei Proviantämtern,
c) zur Zulassung zur Feldmesserprüfung,
d) „ „ „ Markscheiderprüfung,
e) „ „ „ Portépéefähnrichsprüfung.

Zeugniß aus Secunda. — Das Zeugniß der Reife für Ober-Secunda berechtigt sie
a) zum Eintritt als Cadetten in die Königl. Kriegsmarine,
b) zum Besuche der Königl. Thierarzneischule.
c) Zum einjährigen freiwilligen Militairdienst werden sie zugelassen, wenn sie mindestens ein Jahr der Secunda angehört, an allen Unterrichtsgegenständen theilgenommen, sich das Pensum der Unter-Secunda gut angeeignet und sich gut betragen haben.
d) Zum Eintritt in den Postdienst als Post-Expedienten-Anwärter bedürfen sie eines Zeugnisses, daß sie die Secunda bei der Theilnahme am Unterrichte in allen Gegenständen mindestens ein Jahr lang mit gutem Erfolge besucht haben.
e) Zur Annahme als Apotheker-Lehrling ist ein günstiges Zeugniß über einen jährigen Besuch in der Secunda erforderlich.

5. Zeugniß für Secunda. — das Zeugniß der Reife für Secunda befähigt
a) zum Eintritt in den Postdienst als Postexpeditions-Gehülfen,
b) zum Eintritt in die Militair-Roßarztschule.

6. Das Zeugniß der absolvirten Tertia ist erforderlich zur Aufnahme in die obere Abtheilung der Königl. Gärtner-Lehranstalt zu Potsdam.

Zur Chronik der Schule.

A. Die Schule.

1. Das Schuljahr 1873—1874 nahm seinen Anfang am 21. April 1873 und endet am 28. März 1874.
2. Die Pfingstferien dauerten vom 31. Mai bis 5. Juni; — die Sommerferien vom 5. Juli bis 4. August; die Michaelisferien vom 24. September bis 16 October; — die Weihnachtsferien vom 20. December bis 5. Januar 1874.
3. Der regelmäßige Unterricht wurde ausgesetzt:
   a) der Hitze wegen an den Nachmittagen des 23. Juni, 22. 25. 26. und 28. August,
   b) am Mittwoch den 24. Mai wegen einer größeren Excursion der Schule nach Thale.

c) am Dienstag den 2. September wegen des Sedantages. Eine größere Schulfeier konnte in diesem Jahre wegen der zu dieser Zeit in Magdeburg herrschenden Cholera-seuche nicht veranstaltet werden.

4. Das Geburtsfest Sr. Majestät des Kaisers und Königs wurde in hergebrachter Weise durch Declamationen und patriotische Gesänge gefeiert. Die Festrede hielt Herr Dr. Zilldorf.

5. Am 30. October führte der Gesanglehrer Herr Glasberger mit dem Gesangchore der Schule unter Orchesterbegleitung im Rathhaussaale das Oratorium Paulus von Mendelssohn auf.

B. Lehrer.

1. Zu Ostern 1873 verließen uns wieder der Candidat des höheren Schulamts, Herr Möhl und der Candidat der Theologie Herr Schultze.
2. Zu Ostern 1874 trat als wissenschaftlicher Hülfslehrer ein, zugleich um sein Probejahr zu absolviren, der Candidat Herr Dr. Rademacher.
3. Zu Michaelis 1873 in gleicher Weise der Candidat Herr Dr. Otto Wolterstorff.
4. In der zweiten Hälfte des Sommersemesters leistete der Candidat Herr Reich der Schule durch Uebernahme einer größeren Anzahl von Lehrstunden wesentliche Dienste, als während der Choleraseuche gleichzeitig mehrere Lehrer behindert waren, ihren amtlichen Obliegenheiten nachzukommen. Zu Michaelis verließ er uns wieder, um an der Gewerbeschule die Stelle eines wissenschaftlichen Hülfslehrers zu übernehmen und sein Probejahr fortzusetzen.

C. Schüler.

Schülerzahl im Wintersemester 1873—1874:

Klasse		Zahl		Summe
Ober	I.	16		41
Unter	I.	25		
Ober	II.	27		113
Unter	IIa.	42	86	
	b.	44		
Ober	IIIa.	39	77	144
	b.	38		
Unter	IIIa.	33	67	
	b.	34		
Ober	IV.	26		79
Unter	IV.	53		
Ober	Va.	35	71	135
	b.	36		
Unter	V.	64		
Ober	VI.	60		110
Unter	VI.	50		
				622

Die Zahl der auswärtigen Schüler aus der näheren Umgebung Magdeburg's (Neustadt, Buckau, Krakau) betrug 37, die der anderen auswärtigen Schüler 185, die der einheimischen 400.

Dem religiösen Bekenntnisse nach waren 587 evangelisch, 6 katholisch, 1 dissidentisch, 28 mosaisch.

Im Laufe des Schuljahrs 1873—74 haben wir leider drei Schüler durch den Tod verloren:

1. den Ober-Sextaner Max Hoffmann, der den Tod beim Baden durch Ertrinken in der Elbe fand,

2. den Ober-Quintaner Fritz Marx, der an der Cholera starb,

3. den Unter-Sextaner Rudolph Ostwald, der am Nervenfieber starb.

Während der im Sommer 1873 hier herschend gewesenen Choleraseuche wurden viele Schüler längere oder kürzere Zeit dem regelmäßigen Unterrichte entzogen. Es fehlten

am 21. August 22 Procent,	am 30. August 47 Procent,
am 23. August 27 Procent,	am 1. Septbr. 47,9 Procent,
am 25. August 35 Procent,	am 3. Septbr. 46 Procent,
am 26. August 41 Procent,	am 9. Septbr. 37 Procent,
am 28. August 43 Procent,	am 12. Septbr. 33 Procent.
am 29. August 45 Procent,	

In den letzten Wochen des Semesters trat der normale Zustand fast ganz wieder ein.

Der Primaner Otto Buchschatz aus Hillersleben (Kreis Neuhaldensleben) hat in den Sommerferien mit eigener Lebensgefahr zwei Knaben vom Tode des Ertrinkens gerettet. In Folge dessen hatte der Landrath des betr. Kreises den Antrag auf Verleihung der Rettungsmedaille gestellt. Dem ꝛc. Buchschatz ist nun unter dem 11. Februar eröffnet worden, daß des Königs Majestät durch Allerhöchsten Erlaß vom 10. Januar zu bestimmen geruht haben, daß die Verleihung des Verdienst-Ehrenzeichens für Rettung und Gefahr bis dahin ausgesetzt werden solle, wo der ꝛc. Buchschatz in ein selbstständiges Lebensverhältniß eingetreten sein werde, daß ihm jedoch vorläufig eine Belohnung zu Theil werden solle.

Abiturientenprüfung.

a) Ostern 1873.

Name.	Geburtstag.	Geburtsort	Beruf.
1) Schmidt, Ernst	30. Jan. 1853	Ziesar	Studium der Math. u. Naturwissenschaft.
2) Schärpke, Julius	28. Dec. 1853	Schwedt	Baufach.
3) Bauer, Paul	8. Febr. 1852	Magdeburg	Baufach.
4) Törning, Gustav	14. Juni 1854	Bukau	Maschinenbaufach.
5) v. Hymmen, Franz	5. März 1852	Bielefeld	Militaircarrière.
6) Wulsch, Adolf	18. Juni 1854	Sudenburg	Postfach.
7) Zappe, Rudolf	20. Mai 1854	Magdeburg	Baufach.
b) Michaelis 1873.			
1) Holtzheuer, Hans	2. April 1854	Magdeburg	Baufach.
2) Butz, Udo	8. Sept. 1855	Schönebeck	Kaufmann.
3) Thieleke, Albert	31. Jan. 1854	Neuhaldensleben	Baufach.
4) Wenk, Julius	10. Sept. 1854	Heiligenstadt	Postfach.
5) Hesse, Paul	11. Jan. 1855	Alsleben	Baufach.

Sämmtliche Abiturienten waren evangelisch, jeder von ihnen hat zwei Jahr in Prima gesessen. Drei wurden wegen des günstigen Ausfalls der Prüfungsarbeiten und der guten Klassenleistungen von der mündlichen Prüfung dispensirt: Ernst Schmidt, Julius Wenk und Paul Hesse. Außer ihnen erhielt Udo Lutz das Prädicat „gut."

Ueber den Ausfall der Abiturientenprüfung zu Ostern d. J. kann erst im nächsten Programm berichtet werden, da die Prüfung noch bevorsteht.

Aufgaben für die Abiturientenprüfung zu Michaelis 1873.

1. Deutsch. Alles Leben ist Kampf.

2. Französisch. Ein Exercitium.

3. Englisch. The Northern War (1700—1721).

4. Mathematik. 1) Analytische Geometrie. Eine Parabel ist durch ihre Scheitelgleichung gegeben. Der geometrische Ort der Schnittpunkte solcher Tangenten derselben, welche sich rechtwinklig schneiden, soll bestimmt werden. 2) Stereometrie. Ueber einem gleichseitigen Dreieck als Grundfläche sei ein regelmäßiges Tetraeder sowie eine andere gerade dreiseitige Pyramide construirt. In welchem Verhältniß muß die Höhe der letzteren zur Höhe des Tetraeders stehen, damit der Winkel zweier Kanten an der Spitze der Pyramide den dritten Theil des entsprechenden Winkels an der Spitze des Tetraeders betrage? 3) Trigonometrie. Man berechne die Höhe einer Wolke, deren Schatten a^m entfernt ist, wenn die Sonne mit ihr in derselben Verticalebene steht, und der Höhenwinkel der Sonne $= \alpha$, der Höhenwinkel der Wolke $= \beta$ ist. $a = 89$; $\alpha = 28^0\ 55'\ 36'', 6$; $\beta = 25^0\ 59'\ 21'', 2$. 4) Arithmetik. Welchen Inhalt hat das größte gerade Prisma, dessen Grundfläche ein gleichseitiges Dreieck ist, und welches einer gegebenen Kugel eingeschrieben werden kann?

5. Physik. 1) Der Mond vollendet einen siderischen Umlauf um die Erde in 27 Tagen $7^h\ 43^m\ 11^{sec.}$ Wie viel Erdhalbmesser beträgt die mittlere Entfernung des Mittelpunktes des Mondes von dem der Erde, wenn die Mondbahn als Kreislinie, die Masse des Mondes gleich [illegible] der Masse der Erde, und die Schwerkraft der Erde (abgesehen von ihrer Verminderung durch die Achsendrehung) $g = 9,81394^m$ angenommen wird? 2) Ein in der Mitte eingeklemmter Silberstab von $1^{met.}$ Länge giebt, wenn er an dem einen Ende gerieben wird, einen Ton, der dem c_3 (dreigestrichenen kleinen c) sehr nahe liegt. Wie viel mal größer ist die Fortpflanzungsgeschwindigkeit des Schalles in Silber als in der Luft? (Letztere zu 340^m angenommen. Das C_2 (subcontra C) wird durch 16 Schwingungen erzeugt). Freiwillige Arbeit. Das Dreieck ABC stellt den Verticaldurchschnitt zweier, unter den Winkeln A und C gegen die Horizontal-Ebene geneigten Ebenen vor. Auf der einen, z. B. auf AB, liegt ein Körper vom Gewichte P, welcher durch einen, auf der anderen schiefen Ebene befindlichen Körper desselben Materials am Heruntergleiten verhindert werden soll. Zu diesem Zwecke sind beide Körper durch ein vollkommen biegsames Seil mit einander verbunden, welches über eine bei B befindliche Rolle läuft, parallel den geneigten Ebenen liegt und verlängert durch die Schwerpunkte beider Körper geht; von dem Gewichte des Seiles und der Reibung der Rolle ist Abstand zu nehmen. Welches Gewicht muß der auf BC befindliche Körper haben, wenn der Reibungs-Coefficient der Körper auf den schiefen Ebenen gleich p gegeben ist?

$$A = 38^0,\ C = 14^0\quad P = 1,5^{kil.}\quad p = 0,22.$$

6. Chemie. a. Wie wirken Schwefelsäure und die Schwermetalle auf einander ein? b. 100 Gr. Kupfer erfordern wie viel Schwefelsäure (Schwefelsäurehydrat) zur Bildung von Kupfervitriol?

Aufgaben zu Ostern 1874.

1. Deutsch. Es wird uns zur Uebung unserer Tapferkeit ein Feind, zur Uebung der Geduld ein Freund gegeben.

2. Französisch. Frédéric Premier Barberousse, un des plus grands princes de l'histoire.

3. Englisch. Ein Exercitium.

4. Mathematik. 1) Analytische Geometrie. Zu beweisen, daß die Tangente und Normale eines Punktes der Ellipse oder Hyperbel die Hauptaxe in zwei Punkten schneiden, welche harmonisch sind zu den Brennpunkten. 2) Arithmetik. Jemand hat in eine Kiste 100 Bücher gepackt, die zusammen 100 Pfund wiegen. Von den Folianten wiegt jeder 4 Pfund, von den Quartanten jeder 2 Pfund, von den Octavbänden jeder $\frac{1}{4}$ Pfund. Wieviel Bücher von jeder Art waren in der Kiste? 3) Stereometrie. Ein regelmäßiges Sechseck drehe sich um eine seiner Seiten als Axe. Man soll Volumen und Oberfläche des entstandenen Rotationskörpers bestimmen. 4) Trigonometrie. Ein Dreieck aufzulösen, wenn der Flächeninhalt T, eine Seite a und die Summe der Quadrate den beiden anderen Seiten $= q^2$ gegeben sind.

$$T = 84, a = 14, q^2 = 394.$$

5. Physik. 1) Ein Prahm von Eisen, dessen verticale und horizontale Schnitte Rechtecke sind, ist (von Außenwand zu Außenwand gemessen) a^m lang, b^m breit und h^m tief. Seine Wandstärke beträgt überall d^m. Das specifische Gewicht des Eisens ist $= s$ gegeben. Wie schwer darf der Prahm höchstens belastet werden, wenn er nur bis zu $\frac{3}{4}$ seiner Tiefe im Wasser einsinken soll? $a = 5^m$, $b = 3^m$, $h = 2^m$, $d = 0{,}02^m$, $s = 7{,}7$. 2) In welcher Entfernung von einander sind zwei biconvexe Linsen von $f = 21^c$ und $f = 16^c$. Brennweite aufzustellen, wenn durch diese Linsenverbindung ein Bild eines um $g = 63^c$ von der vorderen Linse entfernten Stabes erzeugt werden soll, welches reell und doppelt so groß als der Stab ist? Wird das Bild ein aufrechtes oder umgekehrtes sein?

6. Chemie. Welche Vergleichungspunkte bieten Kalium und Natrium? 2b. Wieviel Chlorkalium ist erforderlich, um aus 100 Gr. Chilisalpeter Kalisalpeter zu gewinnen?

Beneficien.

1) Das Königl. Provinzial-Schul-Collegium überwies eine Anzahl von Programmen von Gymnasien und Realschulen.

2) Dasselbe übersandte im Auftrage des Herrn Unterrichtsministers:

a. einen Separatabdruck aus dem 2. Bande der Hohenzollern'schen Forschungen von Dr. R. G. Stillfried: Zum urkundlichen Beweise über die Abstammung des Preußischen Königshauses von dem Grafen von Hohenzollern.

b. Riebel, Geschichte des preußischen Königshauses. Band 1 u. 2.

3) Riebel, Zehn Jahre aus der Geschichte der Ahnherren des Preußischen Königshauses.

4) Lehrer-Wittwen- und Waisenkasse. (Programm Ostern 1870.) Die im Februar 1874 vorgenommene Rechnungslegung ergab folgendes Resultat:

Durch Zinsen, Geschenke und Zuwendungen hat das Capital eine Höhe von 1576 Thlr. 20 Sgr. 2 Pf. erreicht, dessen Nominalwerth 1608 Thlr. 20 Sgr. 2 Pf. betrug. An Geschenken sind der Kasse zugeflossen in Summa 185 Thlr. 20 Sgr. und zwar von einem Wohlthäter, der nicht genannt sein will, 100 Thlr.; von Herrn Oek. Lücke in Osterwebdingen 30 Thlr., von abgegangenen Schülern aus den drei Cöten der Unter-Secunda P. Knoll 5 Thlr., Aug. Fritze 2 Thlr., Knopf 1 Thlr., Bode 1 Thlr., Weichsel, 1 Thlr., Rusche 1 Thlr.; durch Coll. Jensch 6 Thlr. — Guthmann 1 Thlr., Lindau 1 Thlr., Griesemann 2 Thlr., Burchardt 3 Thlr., Erfurt 2 Thlr. — Von den Abiturienten zu Ostern gesammelt 15 Thlr. — E. Schulze 2 Thlr., O. Morgenstern 2 Thlr., E. Reinhardt 4 Thlr. 20 Sgr. — Die Abiturienten Butz und Holtzheuer 6 Thlr.

Verzeichniß der Schüler,

die

im letzten Semester die Schule besucht haben.

Diejenigen Schüler, bei denen ein Geburtsort nicht angegeben ist, sind in Magdeburg geboren. Der Wohnort der Eltern steht in Parenthese, wenn er ein anderer ist, als der Geburtsort des Schülers.

Prima.

Bennewitz, Hans.
Brinkmann I, August.
Brinkmann II, Georg.
Buchschatz, Otto, aus Hillersleben.
Egeling, Otto, aus Gr. Ottersleben (Buckau).
Ergang, Richard.
Freyer, Erich, aus Randau.
Goldschmidt, Paul.
Heinrich, Julius.
Herbst, Hermann, aus Straßfurt (Atzendorf).
Hohmann, Max.
Hoyer, Paul.
Köls, Hugo, aus Klötze (Charlottenburg).
Krause, Paul, aus Neuhaldensleben (Schwarzholz b. Goldbeck.)
Krebs, Max.
Lehnert, Georg.
Leithold, Robert, aus Ummendorf.
Matthaei, Max.
Meyer, Otto.
Meyhoff, Gustav, aus Gutenswegen.
Mühling, Walter.
Müller, Hugo, aus Klein-Ottersleben.
Ochs, Paul.
Parey, Heinrich, aus Neuhaldensleben.
Peters, Ernst, aus Gr. Salze (Schönebeck).
Pfannenschmidt, Fritz, aus Barleben.
Ratzbach, Hermann.
Regener, Richard.
Reichelt, Gustav, aus Schönebeck.
Reinhardt, Otto, aus Ochtmersleben.
Schlüter, Hermann, aus Neustadt-Magdeburg.
Schwarz I, Theodor.
Schwarz II, Franz.
Thierkopf, Paul.
Voß, Georg.
Weltzien, Paul.
Wieprecht, Otto.
Ziem, Richard.
Zimmermann, Julius, aus Niedernbochleben.

Ober-Secunda.

Brandus, Siegfried.
Braumann, Ferdinand, aus Lüderitz (Salchau).
Brose, Hermann, aus Hohendodeleben.
Engel, Friedrich, aus Neustadt bei Magdeburg.
Fischer, Hermann, aus Rohrborn b. Erfurt (Magdeburg).
Franke, Emil.
Guthmann, Siegmund.
Güssow, Hermann.
Herbst, Friedrich, aus Ronney b. Barby.
Holzapfel, Arthur.
Jordan, Max.
Kölle, Gustav, aus Salbke.
Krentzlin, Adolf, aus Loburg.
Kreyenberg, Friedr., aus Arneburg.
Kunisch, Paul.
Lange, Edmund, aus Leitzkau.
Marcuse, Hugo, aus Wolmirstedt.
Mittag, Ernst, aus Sülldorf (Uhrsleben.)
Pabst, Friedrich.
Riecke, Otto, aus Gutenswegen.
Schauber, Richard.
Seiler, Karl.
Seus, Hermann, (Buckau).
Stier, Walther.
Wendt, Max.

Unter-Secunda A.

Assmann, Johannes.
Becker, Leopold.
Bethge, Adolph.
Blanke, Richard.
Brünig, Wilhelm, a. Pabsdorf (Boedbensell).
Dancker, Hans.
Danckwortt, Albert.
Dill, Gustav.
Ehrecke, Carl, aus Angern.
Eichler, Johannes.
Eilers, Wilhelm.
Elborg, Emil.
Engel, Adolph.
Ermisch, Paul, aus Burg.
Grape, Max.
Garnn, Fritz.
Gericke, Otto, aus Wolmirstedt.
Hänel, Otto.
Hintze, Carl.
Hitzeroth, Rudolf aus Sudenburg.
Kämpfert, Eugen.
Koch, Hermann, aus Schackensleben.
Leithoff, Louis.
Lindau, Georg.
Lücke, Carl, aus Hecklingen.
Meier, Max.
Meyer, Julius, aus Eichenbarleben.
Merling, Heinrich.
Münchmeyer, Otto, aus Markt-Alvensleben.
Neuschäfer, Anton.
Neusche, Feodor.
Riegels, Eugen, aus Aschersleben (Magdeburg).

Schliephack, Johannes, aus Münsterwalde (Magdeburg).
Schmidt, Wilhelm.
Schilffler, Paul.
Schultze, Robert, aus Neustadt-Magdeburg.
Siebert, Rudolph, aus Halberstadt (Guzow).
Voß, Hermann.
Walstabe, Otto, aus Altenweddingen.
Weltz, Leo.
Wiener, Robert.
Zobel, Hugo.

Unter-Secunda B.

Baumgarten, August, aus Neustadt-Magdeburg (Magdeburg).
Block, Otto, aus Zicherben (Halle).
Burchardt, Johannes.
Burghardt, Richard.
Dietrich, Hugo, aus Gr. Ottersleben (Magdeburg).
Fließ, Max, aus Gr. Mühlingen.
Fritze, Ernst.
Fricke, Otto.
Gurau, Max.
Hanswaldt, Albert, Neue Neustadt.
Held, Otto, aus Schönebeck.
Hentschel, August.
Holzapfel, Edgar.
Jennrich, Wilhelm, aus Barleben (Magdeburg).
Karutz, Bruno aus Erxleben.
Kniese, Rudolph.
Koch, Walter.
Kricheldorff, Richard.
Lautenbach, Emil, aus Neue Neustadt.
Menzel, Ernst.
Meyer, Alfred.
Meier, Felix.
Meyer, Richard.
Meyerhöffer, Bruno.
Michaelis, Fritz, aus Gr. Möringen b. Stendal (Magdeburg).
Münchmeyer, Otto, aus Kl. Rodensleben.
Mummenthey, Walter.
Nagel, Hugo.
Paul, Richard.
Raschke, Moritz aus Calbe a. S.
Regener, Otto, aus Kl. Rodensleben.
Reinecke, Albert, aus Felgeleben.
Reinhardt, Max, aus Ochtmersleben.
Rogge, Otto.
Schmidt, Paul.
Schmidt, Richard.
Selowsky, Julius, aus Zielenzig b. Frankfurt a. O.
Sieg, Carl.
Tielebein, Robert, aus Atzendorf.
Vogel, Gustav.
Wolff, Gustav.
Warmholz, Otto, aus Neustadt-M.
Wolfram, Ernst.
Zimmermann, Walter aus Drakenstedt.

Ober-Tertia A.

Apel, Max, aus Schönebeck.
Bauer, Albert.
Bosse, Hermann, aus Schwanebeck.
Dannehl, Hermann, aus Angern.
Ebeling, Adolph, aus Olvenstedt.
Erler, Richard.
Fähndrich, Max.
Hahn, Reinhard aus Neugattersleben.
Herbst, Ernst aus Seehausen b. Mbg.
Hildebrandt, Heinrich, aus Buckau.
Hühnermann, Rudolph.
Keunemann, Julius, Badeleben.
Korn, Otto.
Küster, Richard.
Lenze, August aus Ottersleben.
Leithoff, Albert, aus Bernicke b. Halle (Magdeburg).
Mehring, Georg.
Meyer, Walter.
Mensing, Wilhelm.
Mertens, Moritz, aus Gr. Salze.
Metzker, Carl, aus Schönebeck.
Musick, Richard.
Müller, Hermann, aus Calbe a. S.
Nathan, Richard.
Niemann, Rudolph.
Palis, Frédéric.
Peters, Wilhelm, aus Tangermünde.
Perschmann, Otto.
Prömmel, Hermann, aus London (Magdeburg).
Prömmel, Rudolph, desgl.
Sack, Otto.
Schlegel, Johannes.
Schliephack, Nathanael, aus Münsterwalde (Magdeburg).
Schielein, Arthur, Riesa (Magdeb.).
Schmidt, Emil, aus Barleben.
Scholte, Hermann, aus Borne.
Ulrich, Carl.
Walther, Ernst.
Witte, Hermann.

Ober-Tertia B.

Andreä, Paul, aus Buckau.
Balcke, Eduard, aus Neustadt-Magdeburg.
Behne, Gustav.
Belsch, Paul.
Braune, Gustav aus Eggersdorf.
Dancker, Max.
Deicke, Wilhelm aus Salbcke.
Erdmann, Carl.
Eyraud, Carl, aus Neuhaldensleben.
Gerber, Kurt, aus Berlin (Magdeburg).
Gerhäuser, Paul, aus Burg (Magdeburg).
Gräffner, Paul, aus Insterburg (Magdeburg).
Gräfe, Paul, aus Burg (Magdeburg).
Hamel, Max.
Jeßnitzer, Georg.
Jobst, Georg, aus Mewe (Buckau).
Kahle, Otto.
Kleinau, Richard, aus Fermersleben.
Kliem, Max.
Knobbe, Paul, aus Hamburg (Magdeburg).
Koch, Carl.
Koch, Adalbert.
Krause, Ernst, aus Meitzendorf (Krusemark.)
Lichtenstein, Ludolf aus Gröbzig.
Meißner, Richard, aus Gr. Santersleben.
Meyhoff, Hermann, aus Egeln (Alsleben a. S.)
Nicolai, Rudolph.
Niemeyer, Hermann, aus Altenstein (Magdeburg).
Rabe, Max.
Räcke, Herrmann, aus Königsborn.
Robrahn, Carl.
Rudolphi, Walther.
Schirlitz, Bernhard.
Schwartzkopff, Rudolph aus Neustadt-Magdeburg (Magdeburg).
Sporkenbach, Adolph, (Neustadt-Magdeburg).
Steinbrecht, Max.
Thiem, Felix, aus Buckau.
Wilde, Arwed.

Unter-Tertia A.

[illegible]witz, Richard, aus Wolmirstedt.
Baensch, Eduard.
Behr, Max.
Conert, Ernst, aus Kl. Ammensleben (Magdeburg)
Erdmann, Adolph, aus Gr. Oschersleben.
Ergang, Ernst.
Everth, Walter.
Fritze, Walter.
Fröhlich, Paul, aus Straßfurt.
Giffey, Walter.
Glasberger, Franz.
Grabnauer, Ludwig.
Hampe, Emil.
Holtzheuer, Fritz.
Kuntze, Otto.
Meyer, Willy.
Mollheim, Carl.
Moosbach, Paul, aus Weimar (Magdeburg).
Neteband, August, aus Cörbelitz.
Pitschke, Robert, aus Gerbitz.
Plettenberg, Paul.
Pöwe, Carl.
Prömmel, Gust., aus Neuhaldensleben.
Reinecke, Ernst.
Ruhbaum, Hermann, aus Hartenstein (Magdeburg).
Scabell, Henri, aus Nienhagen (Magdeburg).
Schultze, Hermann, aus Stendal. (Magdeburg).
Wasserzieher, Ernst, aus Züllichow (Neustadt-Magdeburg).
Weichsel, Albrecht.
Wersel, Hermann.
Zimmermann, Otto, aus Drakenstedt.

Unter-Tertia B.

Ahrenholz, Hans, aus Braunschweig (Magdeburg).
Bach, Willy.
Baensch, Johannes.
Baldamus, Ferdinand, aus Gerlebogk.
Borchardt, Otto, aus Sudenburg-Magdeburg.
Camps, Rudolph, aus Wettin (Straßfurt).
Dröscher, Fritz, aus Parey (Neustadt-Magdeburg).
Duckstein, Franz.
Eggert, Theodor.
Gallus, Hermann, aus Wolmirstedt.
Harthausen, Bernhard, aus Derenburg (Quedlinburg).
Helmecke, Stephan, aus Tangerhütte b. Tangermünde.
Heppe, Carl, aus Mihla (Magdeburg).
Koch I, Franz, aus Unterpritzen.
Koch II, Johannes.
Lange, Alfred, aus Brandenburg (Neustadt-Magdeburg).
Liepelt, Carl.
Meyer, Georg, aus Seehausen.
Michaelis, Georg.
Moritz, Gustav, aus Seehausen.
Peters, Gustav, aus Gr. Salze (Schönebeck).
Pieper, Gustav, aus Tangermünde.
Rückert Hans, aus Neustadt-Magdeburg (Magdeburg).
Schmidt, Woldemar.
Schrader, Erich, aus Pechau.
Simon, Richard, aus Posen (Magdeburg).
Stakler, Hubert, aus Halberstadt (Magdeburg).
Stötzer, Fritz.
Täger, Otto, aus Remkersleben.
Völter, Emil.
Wallbaum, Georg.
Warneyer, Fritz.
Ziegler, Alfred.

Ober-Quarta.

Abel, Otto.
Bänsch, Hugo.
Bärmann, Wilhelm, aus Borne.
Barbua, Paul, aus Bernburg (Magdeburg).
Eppner, Max.
Fölsche, Carl, aus Sudenburg.
Hennenberg, Oskar.
Hentschel, Gustav, aus Sudenburg (Magdeburg).
Herbst, Reinhold, aus Atzendorf.
Holte, Otto, aus Barleben.
Kauffmann, Carl, aus Potsdam (Magdeburg).
Klautsch, Carl.
Körner, Emil, aus Burg (Magdeburg).
Lange, August, aus Atzendorf.
Lederer, Ferdinand, aus Neustadt.
Mertens, Christian, aus Alt-Salze.
Neumann, Otto, aus Schopsdorf b. Ziesar (Magdeburg).
Pahle, Georg.
Riegels, Edmund.
Rolle, Max, aus Eichenbarleben (Magdeburg).
Scharnbeck, Max.
Schiephacke, Fritz, aus Bisdorf.
Schneidewind, Wilhelm, aus Osterweddingen.
Schoop, Hans.
Simon, Hugo.
Wille, Hermann.

Unter-Quarta.

Abel, Richard, aus Berlin.
Arnold, Louis, aus Wittenberge (Magdeburg).
Bach, Eugen.
Balke, Hans, aus Neustadt-Magdeburg.
Bartels, Otto, aus Borne.
Bock, Wilhelm, aus Oschersleben (Magdeburg).
Conrad, Wilhelm, aus Calbe (Schönebeck.
Crackau, Hermann aus Elbenau.
Dies, Otto.
Elze, Albert.
Felter, Hermann.
Fischer, Max.
Freyer, Friedr., aus Randau.
Göbecke, Robert.
Grabau, Eugen.
Grasemann, Paul.
Haase, Gustav.
Habrich, Richard, aus Sudenburg.
Helms, Hans.
Hoffmann, Hans.
Huth, William.
Jacoby, Otto.
Kempt, Ernst, aus Lingen (Buckau).
Knönagel, Paul.
Kurths, Paul.
Lemelson, Fritz, aus Mannheim (Buckau).
Ledderboge, Herm., aus Bornstedt.
Lederbogen, Heinrich, aus Gr. Ottersleben.
Levy, Hugo.
Lohmann, Gustav.

Lücke, Walter, aus Gommern (Osterweddingen.)
Lucklum, Fritz, aus Buckau.
Markgraf, Bruno, aus Grabow (Barleben.
Meißner, Erich, aus Schubin (Magdeburg).
Mewes, Ferdinand, aus Mahlpfuhl.
Meyer, Reinhardt.
Müller, Leopold, aus Wolmirstedt (Magdeburg).
Neuling, Ferdinand, aus Elbei.
Ohage, Carl.
Päßler, Richard.
Rausche, Hans.
Rückert, Max, aus Neustadt-Magdeburg (Magdeburg).
Scheller, Franz.
Schneidewin, Walter, aus Neustadt-Magdeburg (Buckau).
Schneidewindt, Fritz, aus ... wegen.
Selle, Georg.
Sroka, Max, aus Buckau.
Schwieger, Karl.
Theuerkauf I, Friedr., aus Kämeritz.
Theuerkauf II, Otto, aus Wellen.
Wächter, Wilhelm.
Walkhoff, Ernst, aus Oschersleben.
Zacke, Bernhard.

Ober-Quinta A.

Alpers, Hugo.
Consolsky, Carl, aus Alsleben (Magdeburg)
Ehrling, Christian, aus Wolmirsleben.
Eppert, Fritz, aus Erxleben.
Eyermann, Leopold.
Fäsch, Ernst, aus Oebisfelde.
Fincke, Max, aus Crusemark.
Freudenberg, Otto aus Barby.
Fritze, Julius, aus Schleibnitz.
Görlitz, Willy.
Grasemann, Christian, aus Gr. Rodensleben.
Gräßner, Gottwalt, a. Crössuln (Zeitz).
Guran, Julius.
Hänel, Walter.
Heppe, Constantin, aus Mihla b. Eisenach (Magdeburg).
Höpstein, Felix.
Jäckel, Georg.
Jockusch, Ferdinand.
Kamlah, Hans.
Kleberg, Herrmann, aus Barby.
Märtens, Christian, aus Ochtmersleben.
Meißner, Fritz.
Müller, August, aus Eichenbarleben.
Rathge, Fritz, aus Irxleben.
Röhl, Hermann.
Schiele, August.
Schilbener, Albert.
Schlüter, Albert, aus Hohendodeleben.
Schmelzer, Louis, aus Nienburg a. S. (Magdeburg).
Schneevoigt, Richard, aus Schönebeck.
Schütze, Otto.
Sommer, Felix.
Teltz, Otto, aus Hohendodeleben.
Tolle, Max, aus Magdeburg (Wefensleben).
Trog, Arnold, aus Remkersleben.

Ober-Quinta B.

Alenfeld Eugen.
Becker, Otto, aus Förderstedt.
Bese, Richard, aus Eichenbarleben.
Böckelmann, Adalbert, aus Gr. Ottersleben.
Böttche, Franz, aus Barby.
Buhtz, Moritz.
Dancker, Oskar, aus Braunlage (Magdeburg).
Daum, Max.
Finzenhagen, Walther.
Franck, Adolph.
Fritze, Rudolph.
Goertz, Bruno.
Gorges, Gustav.
Hecht, Max.
Hildebrandt I, Hermann.
Hildebrandt II, Ernst, aus Buckau.
Ims, Hermann, aus Sömmerda (Magdeburg).
Kliem, Ewald.
Kratzenstein, Hermann.
Kühnemann, Richard.
Küstenmacher, Max, aus Bromberg (Buckau).
Kunze, Albert, aus Hohendodeleben.
Lindau, Ernst.
Meißner, Carl.
Mirre, Rudolph.
Müller, Johannes, aus Calbe a. S.
Nagel, Friedrich.
Otto, Richard, aus Buckau.
Pahle, Fritz.
Peck, Willy.
Rarichs, Emil.
Rebling, Fritz, aus Ramsbeck.
Schwarzlose, Werner, aus Aken.
Varges, Willy.
Voges, Emil.
Wiele, Richard.

Unter-Quinta.

Ahrendt, Heinrich.
Arndt, Johannes.
Arzt, Wilhelm.
Baacke, Franz, aus Bertingen.
Bacher, Richard.
Bätge, Julius, aus Buckau.
Bätz, Richard.
Becker, Bruno.
Blummer, Otto, aus Gröningen (Diesdorf).
Buchholz, Theodor, aus Gr. Rodensleben.
Daun, Albert.
Dies, Walter.
Dorendorf, Max.
Engelbrecht, Wilhelm.
Fischer, Carl, aus Elxleben b. Erfurt (Magdeburg).
Franck, Martin.
Fricke, Hugo, aus Berlin (Magdeburg).
Friedrich, Albert.
Gropp, Paul.
Haase, Ernst.
Hahn, Heinrich, aus Hornhausen (Neu-Gattersleben).
Hautog, Fritz.
Heibecke, Theodor.
Herrmann, Paul.
Jacobi, Hermann.
Jütte, Heinrich.
Kahlenberg, Gustav.
Kielholz, Norbert.
Kiessler, Otto, aus Stettin (Magdeburg).
Koch, Albert, aus Buckau).
König, Hugo.
Knauer, Alfred.
Knust, Woldemar.
Leithoff, Georg.
Lemelson, Hermann, aus Mannheim (Buckau).

Oeffentliche Prüfung.

Donnerstag, den 26. März, von 8 Uhr an:

8	Uhr	**Prima A. u. B.:**	Englisch.	Herr Oberlehrer Dr. Jen[illegible]
			Geschichte	„ Oberlehrer Mänß.
9	„	**Ober-Secunda:**	Lateinisch.	der Director.
			Mathematik.	Herr Dr. Silldorf.
10	„	**Unter-Secunda** A u. B:	Chemie.	„ Oberlehrer Dr. Schreibe
		Ober-Tertia B.:	Französisch.	„ Dr. Klein.
11	„	**Ober-Sexta:**	Lateinisch.	„ Dr. Rademacher.
		Unter-Sexta:	Rechnen.	„ Seiler.

Freitag, den 27. März, von 8 Uhr an:

8	Uhr	**Ober-Tertia** A.:	Mathematik.	Herr Dr. Dankwortt.
		Unter-Tertia A.:	Englisch.	„ Dr. Lilie.
9	„	**Unter-Tertia** B.:	Französisch.	„ Oberlehrer Stechert.
		Ober-Quarta:	Geschichte.	„ Dr. Wolterstorff.
10	„	**Unter-Quarta:**	Lateinisch.	„ Dr. Wenrich.
		Ober-Quinta A.:	Französisch.	„ Dr. Reichert.
11	„	**Ober-Quinta** B.:	Naturbeschreibung.	„ Seeglitz.
		Unter-Quinta:	Geographie.	„ Graßhoff.

Holzapfel.

leben.
Meißner, Erich, aus Schubin (Magdeburg).
Mewes, Ferdinan…
Meyer, Reinha…
Müller, … Elbei…
(Mag… Buckau.
…ibberick b. Mahl…
…Alr…
…Pet…, Carl, aus Schönebeck.

… burg (Mag…
… Fri…
…
Reichardt, Albert, aus Bernburg (Magdeburg).
Schmidt I, Paul.
Schmidt II, Paul.
Schwartzkopff, Heinrich.
Siebert, Otto.
Sigrist, Heinrich, aus Bad Elmen (Magdeburg).
Simon, Ernst.

Stolle, Fritz, aus Schönebeck.
Thiele, Paul.
Uhlig, Julius.
Uhlmann, Max, aus Schreibershau i. Schlesien (Kl. Ottersleben).
Ulrich, Carl, aus Schönebeck.
Warnecke, Otto, aus Warsleben (Wolmirsleben).
Wichmann, Paul, aus Potsdam (Magdeburg).
Zachau, Richard, aus Barleben.

Ober-Sexta.

Berger, Franz, aus Berlin (Magdeburg).
Bertram, Reinhard, aus Gr. Mühlingen.
…rtram, Friedrich, aus Gr. Mühl…en.
…Paul.
…Wilhelm.
…Friedrich.
…, Friedrich, aus Westerhafen.
…, Adolph.
…ger, Franz, aus Mannheim (Magdeburg).
…, Franz, aus Neustadt-Magdeburg.
…r, Paul.
…, Max.
…mann, Otto.
…l, Gustav, aus Erfurt (Magdeburg).
…son, Otto, aus Stargard (Buckau).
…rich, Bruno.
…itzsch, Hans, aus Buckau.

Heiligenstädt, Max.
Heinrich, Wilhelm.
Hochdörfer, Carl, aus Neustadt-Magdeburg.
Höpfner, Heinrich, aus Atzendorf.
Hühnermann, Otto.
Huth, Theodor.
Kaiser, Wilhelm.
Kliem, Waldemar.
Klingeberg, Ernst.
Liepelt, Walter.
Liepelt, Georg.
Meringer, Emil.
Meyer, Richard.
Naucke, Johannes, aus Magdeburg (Gr. Ottersleben.)
Pazschke, Ernst.
Pilgrim, Walter, aus Arendsee.
Rademacher, Gustav.
Räune, Fritz.
Reinsch, Adolph, aus Hannover.
Reinhardt, Walter, aus Ochtmersleben.

Reinhardt, Gustav, aus Ochtmersleben.
Richter, Hans.
Römling, Albert.
Römling, Ludwig.
Sandrock, Julius.
Sandrock, Wilhelm.
Senn, Paul.
Simon, Richard.
Sonnenthal, Albert.
Schmidt, Paul.
Schmidt, Carl, aus Buckau.
Schlutius, Moritz.
Schlutius, Hermann.
Schulz, Max.
Schulze, Ernst.
Barthes, Hans.
Voth, Max.
Wendel, Paul.
Weise, Richard.
Wernecke, Albert.
Wilhelm, Friedrich.
Zeising, Georg.

Unter-Sexta.

…idnermann, Hans.
…lé, Wilhelm, aus Breslau (Magdeburg).
…uermeister, Albert, aus Dodendorf.
Bauermeister, Walther, aus Dodendorf.
Behrens, Richard.
Bischof, Hermann.
Brennecke, Reinhold, aus Dahlenwarsleben.
Buhtz, Richard.
Busch, Hans.
…bering, Robert, aus Ebendorf.
…wald, Otto, aus Dreileben.
…leischmann, Carl.
…rande, Walther.
…iffey, Otto.
…öcke, Paul, aus Gr. Ottersleben.

Götze, Max, aus Halberstadt (Magdeburg).
Gottschall, Willy, aus Neuhaldensleben (Magdeburg).
Held, Franz, aus Ohrsleben b. Helmstädt (Magdeburg).
Hübner, Fritz.
Jacoby, Oskar.
Jenrich, Richard, aus Gersdorf.
Jenisch, Otto.
Jordan, Hans.
Klautzsch, Otto.
Kleine, Max.
Klöpzig, Emil.
Koch, Walther.
Könnecke, Hermann.
Krone, Gustav.
Lange, Otto, aus Wittenberge (Magdeburg).

Litzmann, Fritz.
Löhr, Philipp.
Lücke, Ewald, aus Hohenwarsleben.
Mansfeld, Rudolf.
Meyer, Erich.
Mull, Carl, aus Hannover (Magdeburg).
Pätsch, Otto.
Pistorius, Richard.
Roderwald, Adolf.
Schultze, Max.
Tiebe, Rudolf.
Thormeyer, Carl.
Welsch, Alfred.
Wiegner, Paul.
Wilhelm, Albert.
Wille, Otto.
Wolff, Wilhelm.
Ziemann, Wilhelm, aus Brumby.

www.ingramcontent.com/pod-product-compliance
Lightning Source LLC
Chambersburg PA
CBHW031755090426
42739CB00008B/1025

* 9 7 8 3 7 4 3 6 5 3 5 2 8 *